映画はこう作られていく

【中扉画像】

アクティング(8–9ページ)：アル・パチーノとブライアン・デ・パルマ監督　1983年「スカーフェイス」(Scarface)のセットにて。

ディレクティング(34–35ページ)：アルフレッド・ヒッチコック監督とグレース・ケリー　1953年「裏窓」(Rear Window)のセットにて。

ライティング＆カメラ(84–85ページ)：ウィリアム・H・ダニエルズ(編集者)、ジャック・フェデー(監督)とグレタ・ガルボ　1929年「接吻」(The Kiss)のセットにて。

編集(138–139ページ)：スティーヴン・スピルバーグ(製作)とマイケル・カーン(編集者)　1981年「ポルターガイスト」(Poltergeist)制作中の編集スイートにて。

脚本(160–161ページ)：ニール・サイモンとタイプライター　1967年

映画はこう作られていく

名作映画に学ぶ 心を揺さぶる映像制作術

ティム・グリアソン

Born Digital, Inc.

目次

はじめに

インターネット、ソーシャルメディア、小型のデジタルカメラ、手頃な価格の編集ソフトウェアの登場で、映画制作はより多くの人が手軽に取り組めるものになりました。自らの手でストーリーを語りたい人にとって、創作の可能性は無限です。本書は、決まりごとを教えようというわけではありません。逆に、決まりがないことを説明したいのです。映画の基本の理解が必要なことは、いつの時代も変わりません。映画を構成する基本の「要素」を学び、自由な気持ちで制作に取り入れましょう。

「This Is How You Make a Movie（原題）」というタイトルは、決めつけのように感じるかもしれません。しかし、本書で示しているのはさまざまな可能性です。何を取り入れるかを選ぶのは皆さんで、映画の制作に決まりはないのです。100年以上にわたり、映画監督たちは、映画制作に利用できる要素の範囲を拡張してきました。基本的なテクニックをベースに、思い切った斬新な手法を開発しています。映画とは、絶え間なく変化するメディアです。この本で目指したのは、重要な原則がはっきり示されている古典の名作や現代映画を例に、映画の中核をなす要素（脚本、演技、撮影、編集の過程で扱われる要素）の概要を説明することです。基本の理解は始まりにすぎません。堂々と原則を破ったり、覆している例も取り上げています。皆さんもどうぞ、自由な気持ちで冒険してください。

本書には、ブロックバスター（「ワンダーウーマン」）からアカデミー賞受賞作（「ロッキー」）、サイレント時代の名作（「イントレランス」）から、最近のアートシアター向けの珠玉の作品（「アメリカン・ハニー」）まで、幅広い作品を含めました。映画の幅広さと可能性の一端を知ってもらいたいからです。スウェーデン、メキシコ、イギリス、香港、イラン、フランス、アメリカ、イタリアなど、さまざまな地域で制作された映画を取り上げることで、カメラの向こう側から聞こえてくる、多様な声にも耳を傾けてもらおうと考えました。私の目論見がうまくいっていれば、皆さんは映画制作の基本要素を理解するだけでなく、好みに合わないと考えていたタイプの映画にも関心がわくはずです。知らないものを探求することは、最高の楽しみを発見するチャンスでもあります。

ご想像のとおり、本書は映画制作のテクニックをこと細かに説明してはいません。芸術的な欲求を刺激し、挑戦の気持ちをかきたてることが目的です。映画制作のキャリアは、外に出て実験したときにはじまります。本書が、その一歩を踏みだし、正しい方向を見つける一助になることを願っています。基本的なコンセプトをわかりやすく、一口大にまとめたつもりです。しかし、ここで説明した知識を本当の意味で学べるのは、実際にカメラを持って、映像をつくりはじめたときです。

ティム・グリアソン

アクティング

メソッド演技

個人的な経験を内側から引き出し、
強烈かつ自然な演技をする

メソッド演技(単にメソッドとも)について書けば、本1冊分のページがあっても足りません。この有名な演技術をほんの数ページで語ろうとすれば、プロセスを単純化し過ぎて、誤解をまねくことになってしまうでしょう。ここでは舞台演出家であり、俳優でもあるアレックス・アテス(Alex Ates)の言葉を借りることにします。演劇雑誌「Backstage」に掲載されたメソッドの歴史と遺産についての記事で、彼は、次のように定義しています。「最も単純化すれば、メソッドとは内面的および心理学的な手法であり、しっかりと練習を積んだ俳優は、架空の状況下で自然に振る舞えるように自分自身を訓練できるとされる」。同じ記事でアテスは、メソッドの演技が目指すものについて一般の誤った思い込みを正し、次のように指摘しています。「メソッドは、個人が経験した感情の揺れ動きをそのまま舞台上で再現しようというものではない。メソッドが推奨するのは、実際に経験した瞬間と同じ感情のほとばしりや緊張につながる刺激を認識し、それをいつでも再現できるように訓練を積むことだ」

つまり、「メソッドの俳優は感情的になるために幼少期のトラウマを追体験している」という型にはまった解釈は的外れなわけです。メソッド俳優たちは、技巧ではなく、現実的な振る舞いを正確に描写するために、自然主義の演技を追い求めます。すべての映画がメソッドの演技を必要とするわけではありませんが、役柄にはまったときには、その力は否めません。

「波止場」
（原題：On the Waterfront）
1954年
監督：エリア・カザン
（Elia Kazan）

マーロン・ブランド
（Marlon Brando）

役になりきる

メソッドといえばマーロン・ブランド抜きには語れません。彼はメソッドの代名詞的な存在です。回顧録「Songs My Mother Taught Me」（日本語訳：「母が教えてくれた歌」角川書店）でブランドは、著名な演技指導者のステラ・アドラーに師事した時のことを振り返り、こう語っています。「ステラが生徒に教えたのは、自分の、ひいては他人の感情の仕組みの本質を発見する方法でした。ステラには、自然であれと教わりました。自分が経験したことのない感情を演じようとはするなというのです」

　後にアカデミー賞を受賞するブランドは、舞台版「欲望という名の電車（A Streetcar Named Desire）」で初めてメソッド演技を披露し、大絶賛されました。映画俳優としては、地に足の着いた、リアルな人物像を描写し続け

ました。1954年の「波止場」での役どころは、かつてボクサーになることを夢見ていた港湾労働者のテリー。役作りの一環として、ブランドは、波止場に出向いて港湾労働者の仕事を学びました（実際に、木箱の積み込みも行ったそうです）。ボクサーらしいフットワークを習得するために、ボクシングジムでトレーニングもしました。

　役作りのための影の努力は、作品からあからさまに見て取れるわけではありません。しかしブランドにとっては、演技に真実味を与え、その男をどう演じるかの指針となったのです。テリーになりきるには、テリーの趣味や職業を理解する必要があったわけです。

「キング・オブ・コメディ」
(原題：The King of Comedy)
1982年
監督：マーティン・スコセッシ
(Martin Scorsese)

ロバート・デ・ニーロ
(Robert De Niro)
ジェリー・ルイス
(Jerry Lewis)

闇に潜り込む

ロバート・デ・ニーロは、「ゴッドファーザーPART II」でマーロン・ブランド演じるコルレオーネの若き日を演じました。2人ともメソッドの俳優なので、その意味でも、このキャスティングは的を射ているでしょう。「レイジング・ブル」でジェイク・ラモッタを演じるために体重を増やすなど、デ・ニーロは何度も役作りのための肉体改造を行ったことで知られています。この項では、「キング・オブ・コメディ」での演技に触れながら、肉体改造ではなく、メソッドがどう演技に役立ったかを説明しましょう。

「キング・オブ・コメディ」は、冴えない、いささか錯乱しているルパート・パプキンというコメディアンが主人公のダーク・コメディ。ルパートは、トークショーの大御所司会者であるジェリー・ラングフォード（ジェリー・ルイス）が、自分を見い出してくれるという妄想に取りつかれています。準備を整えるた

めのリサーチの一環として、デ・ニーロは、コメディクラブやスタンドアップコメディが行われるイベントも訪れました。撮影の間は、日常生活でもルパートの心に潜む憎悪を感じ、自らに取り込んでいたと言います。こんな逸話が残っています。ルイスがデ・ニーロを夕食に招待すると、こう答えたのです。「お前の頭を吹っ飛ばしてやりたいんだ。一緒に食事なんて、できるわけないだろう？」

もちろんこれは、行き過ぎた反応で、デ・ニーロは役になりきっていたのでしょう。同じことをほかの俳優が言ったら、気味悪がられたはずです。しかし、デ・ニーロ演じるルパート・パプキンの強烈さには驚嘆させられます。そして、その秘訣の1つが、キャラクターの精神の闇に没入していたことです。

「リンカーン」
（原題：Lincoln）
2012年
監督：スティーヴン・
スピルバーグ
(Steven Spielberg)

ダニエル・デイ＝ルイス
(Daniel Day-Lewis)
サリー・フィールド
(Sally Field)

つながったままでいる

ダニエル・デイ＝ルイスはメソッド演技の大家であり、演じるキャラクターに没入します。しかし「リンカーン」について語るときには、アメリカ大統領夫人メアリー・トッド・リンカーンの役で凄みのある演技を見せた、サリー・フィールドも忘れてはいけません。フィールドもまた、キャリアを通じてメソッドを学んでいました。映画が公開されたころ、フィールドはこう言っていました。「私はいつもどおりにやっていただけです。でもそのやり方を他人に押し付けようと思ったことはありません。それに、誰にもわからないだろうと思っていました！ 自分のプロセスを誰かに知られるのは恥ずかしくて、自分が何をしているのか、人に言ったことはありません。自分の部屋に行ったり、椅子に座ったりしているときにも役になりきったままでした。周囲に、『話しかけないで、こちらに来ないで』という雰囲気を漂わせていたんです。可能な限り、その状態のままでいたかったのです」

メアリー・トッドを演じるために、二度のアカデミー賞受賞者であるフィールドは、大統領夫人の一生を徹底的に調査しました。彼女とデイ＝ルイスは、まるで一昔前の文通のように、当時の言葉でテキストメッセージを交換し、コミュニケーションしていました。フィールドは体重も増やしました。「栄養士に指示を仰ぎながら、本当に、ひどいものを食べていました。気持ち悪かったわ。1日の終わりには、フォアグラのガチョウになった気分でした」

デイ＝ルイスは、ダイナミックに演じたリンカーン役でアカデミー賞主演男優賞を受賞しましたが、助演のフィールドも引けを取らない熱のこもった演技でした。心理的にも肉体的にもメアリー・トッドとしっかりつながったフィールドの演技は、デイ＝ルイスほど派手ではありませんが、映画をしっかり支えています。

即興（アドリブ）

脚本をベースとし、その時々の状況に応じて、新鮮かつ自発的な反応をする

実生活では、私たちは常に即興で物事を行います。たとえば、夜の外出予定がキャンセルになれば、その代わりに何をするかを決めます。必要なものを忘れて旅行に出かけたら、それなしでどう過ごすか、あるいは別のものをどう手に入れるかを考える必要があります。人は常にその場でアイデアを出し、臨機応変に活動しています。

映画制作でもやはり、即興あるいは臨機応変さは重要です。どう即興を取り入れるかは監督によって異なりますが、コメディのジャンルで多用される傾向があります。広い意味で言えば、即興とは、台本の台詞を無視して、セットでカメラが回っている時に台詞や状況を創作していくことです。下手をすれば、「即興で行こう」という戦略は悲惨な結果に終わることもあります。ここでは、即興がクオリティを高めるのに貢献した作品を3本見ていきましょう。

「スパイナル・タップ」
（原題：This Is Spinal Tap）
1984年
監督：ロブ・ライナー
（Rob Reiner）

ロブ・ライナー
クリストファー・ゲスト
(Christopher Guest)

アイデアから組み上げる

ロブ・ライナー監督とクリストファー・ゲスト、マイケル・マッキーン（Michael McKean）、ハリー・シアラー（Harry Shearer）といった俳優たちが「スパイナル・タップ」というひどく無能なメタルバンドを題材に、偽のドキュメンタリーを撮るアイデアを練り始めたとき、彼らは"いわゆる"脚本は書きませんでした。その代わりに、骨子となる大まかなあらすじをまとめ、登場人物たちのバックストーリーをつくりました。台詞が書かれた台本はなく、台詞はすべてキャストのアドリブです。あらすじを基に、ある程度の方向性に沿って即興の演技をしていったのです。

結果的に、「スパイナル・タップ」は、「モキュメンタリー」（偽ドキュメンタリー）というジャンルの誕生に大いに貢献することになりました。観客は、ノンフィクションを見ているような感覚で架空のストーリーを鑑賞します。モキュメンタリー作品で最も重要な要素は、リアルに見えるように、自分の台詞を即興で（あるいは一見即興風に）つくりだす俳優たちです。

映画公開の後、「Waiting for Guffman」などのモキュメンタリー作品を何本か監督した主演のクリストファー・ゲストは、2006年のインタビューで、即興演技の力を次のように語っています。「うっかりしていれば、いつだって不意を突かれる。そこが、良さでもあります。誰にでもできることではありません。しっかり準備をしておかないと」

「無ケーカクの命中男／
ノックトアップ」
（原題：Knocked Up）
2007年
監督：ジャド・アパトー
（Judd Apatow）

セス・ローゲン
（Seth Rogen）
キャサリン・ハイグル
（Katherine Heigl）

新しいアイデアの余地を残す

現代コメディにおいて、ジャド・アパトーは最も高い評価を得た映画監督の
1人でしょう。脚本と監督を手掛けるアパトーは、「無ケーカクの命中男／
ノックトアップ」をはじめ、作品に即興を取り入れています。その方法につい
ては、現場での即興を戦略的に利用した先人たちを参考にしているとのこと。
「映画に興味を持ち始めたころに、バリー・レヴィンソン（Barry Levinson）監
督の作品に出合いました。カジュアルな演技と即興の使い方が、すごく良い
と思ったんです。「ダイナー」（原題：Diner）は、若い頃に最も影響を受けた映
画の1つですね」と、アパトー。

アパトーは、台本に書かれた台詞と純粋な即興のバランスをとりながら、
生き生きとした、真実味のある、面白いやりとりになるよう、俳優たちにアド
リブの掛け合いをさせます。「無ケーカクの命中男／ノックトアップ」を含め、
複数のアパトー作品に出演したティム・バグレー（Tim Bagley）は、2012年
にアパトー監督の演出スタイルについてこう述べています。「用意された見
事な脚本が、はじまりです。彼はそれを土台とみなしています。本番では、
アパトーの脚本に沿ったシーンのあらすじを撮影します。その後、脚本を
変えていくのが好きなんです。俳優たちと共同で。演じている間にシーンが
独り歩きをはじめるように、アパトー監督は、カメラが回っている間にも、
たくさんの台詞を提案してきます。俳優たちが即興で遊ぶうちに何テイクも
撮り、面白いことが起きるように仕向けるわけです。彼の手元には、選択肢が
いくつも集められ、それらが編集で組み立てられます」

「ガールズ・トリップ」
（原題：Girls Trip）
2017年
監督：マルコム・D・リー
（Malcolm D. Lee）

ティファニー・ハディッシュ
（Tiffany Haddish）

最高の瞬間を俳優に見つけさせる

ティファニー・ハディッシュは、ハリウッドの新人コメディスターとして華々しく登場しました。そのきっかけとなった作品が、2017年の「ガールズ・トリップ」。仲間たちをクレイジーな冒険へと導いていく、予測不能な女性、ディナを演じました。彼女の最高の台詞の多くは即興でした。それが出てきたのは、監督のマルコム・D・リーが、さまざまなアイデアを試す余地を彼女に与えたからです（ハディッシュは後に、「『ガールズ・トリップ』は撮影に何時間もかかり、何テイクも撮った」と言っています）。

しかし、自己主張が強く、女性としての魅力にも自信たっぷりの役をハディッシュが極度に誇張して演じようとすると、リー監督は、ディナは現実味のある範囲で演じるべきだと主張しました。リー監督は「ガールズ・トリップ」の公開時にこう語っています。「おバカでクレイジーな登場人物たちだが、共感できる人物像にしたかったのです。そこには人間同士のつながりがあります。ディナのクレイジーさも一皮むけば、脆さが潜んでいる。表面上に見えるより、ずっと多くのことが起きているんです」

これは即興演技についての重要な教えです。演じる役の個性や最高の「オチ」を見つける自由を俳優に与えることで、想像を超える成果につながることもあります。しかし、地に足をつけるための地面を用意することは、とても重要です。どんな形でもかまいません。あらすじ、脚本、あるいは本作のように " 共感できるキャラクターにしたい " という願いの場合もあるでしょう。アドリブでも、ある種のリアリティとのつながりは必要です。

リハーサル

脚本の段階でストーリーを考察し、すべての関係者とのやりとりを通じて、人物像を作り込む

「練習が完璧をもたらす。」この格言は、映画には特によく当てはまります。撮影を始める前に時間、資材、人手があるなら、しっかりリハーサルを行います。

リハーサルといっても、やり方はさまざまです。たとえばスタントチームなら、周到に準備をし、危険を伴うアクションシーケンスを徹底的にリハーサルし、全員の安全を確保します。しかし本書では狭い意味でこの言葉を用います。ストーリーの感情およびドラマのリズムを見つけるために、監督と俳優たちが脚本を読むプロセスをリハーサルと呼びます。

最もよく知られているリハーサルの形はおそらく、最初に行うテーブルリード(本読み)でしょう。キャスト、監督、脚本家、場合によってはそれ以外の関係者(プロデューサーなど)も参加します。脚本全体を声に出して読み、どんなストーリーで、どんな課題があり、強みや改善点があるかどうかといったことを把握します。俳優や監督たちの中には、リハーサルなしに、カメラの前でなりゆきに任せて演じるのを好む人もいます。ただし、リハーサルの過程では、俳優たちは互いの感触をつかみ、登場人物の間で起きる反応を深めることができます。リハーサルは、本番に向けて全員が準備を整えるためにあるのです。

「秘密と嘘」
（原題：Secrets & Lies）
1996年
監督：マイク・リー
　　　（Mike Leigh）

マリアンヌ・ジャン＝
バプティスト
（Marianne Jean-Baptiste）

ブレンダ・ブレシン
（Brenda Blethyn）

人間関係を構築する

アカデミー賞ノミネート経験もある脚本家兼監督のマイク・リーにとって、リハーサルは、映画制作という創造の旅の始まりです。リー監督による秀作「秘密と嘘」は、ロンドンに住む黒人女性（マリアンヌ・ジャン＝バプティスト）が実母を探そうと思い立ち、予想もしていなかった白人女性（ブレンダ・ブレシン）が産みの親だとわかる物語。この作品ではテーマやキャラクター、そして最終的なプロットの肉付けをするために、リー監督は俳優たちと協力しています。

　1996年のニューヨーク映画祭で、リー監督はこう語っています。「身近な人たちが、養子縁組にまつわる経験をしています。私は何年も前から、そうした状況を掘り下げる映画を架空の設定で作りたいと考えていました。それに、新しい世代の黒人についての映画を作りたいとも思っていました。若い人たちは人種隔離の固定概念から離れ、前進しています。こうした要素が、ルーツとアイデンティティを探す、この映画の出発点となったわけです」

　しかし、リー監督の作品は脚本から始まったのではありません。俳優を集め、人物像を作りあげるために、彼らが知っている人々について会話をするように促しました。ある程度の人物像が見えてくると、リー監督は、もっと深いところまで掘り下げるようにと俳優に要求します。主演のブレシンは、後にガーディアン紙にこう語っています。「自分がどれだけ怠けていたか、気付かされました。キャラクターを創りあげ、深い部分まで探る経験を今後も大切にしたいと思います。台詞を覚え、正しい順番で言うこととはまったく違う経験でした。演じるのなら、台本の1ページ目の最初から、その人の気持ちをわかっているべきです」

　ここまで緻密な準備は、普通ではないと感じるでしょう。しかしリー監督にとっては、脚本に取り組む前から、じっくりと人物像を掘り下げることが、豊かな作品、等身大の人物を描いた作品を可能にするプロセスなのです。

「ヘンリー五世」
（原題：Henry V）
1989年
監督：ケネス・ブラナー
（Kenneth Branagh）

エマ・トンプソン
（Emma Thompson）
ケネス・ブラナー

演出の枠組みを探る

ウィリアム・シェイクスピアの作品は、たいへんよく知られています。だからといって、さまざまな劇団が、「ハムレット」をまったく同じ演出で上演するわけではありません。役者、時々の社会状況、場所、監督の個人的な願望といったことが、同じシェイクスピア作品をもとにしていても、さまざまな解釈を創りだすのです。

　監督としてシェイクスピア劇を何本か映画化してきたケネス・ブラナーは、作品にどう取り組むかを明快に理解する方法として、リハーサルの重要性を語っています。1998年のインタビューでブラナーは、シェイクスピアを扱う難しさと、よく知られた役をどう演じ、シェイクスピアの普遍的なテーマをどう表現すべきかについて、リハーサルで俳優たちと話し合うのだと述べています。

　「たとえば「ヘンリー五世」のような作品を撮る場合、当時の人々が「名誉」の概念をどう理解していたかや、キリスト教徒の王とは何を意味するかといったトピックをリハーサルで話します。これは、俳優の想像を膨らませるためにも有益です。劇中の物事の直接的かつ本当の意味を理解すれば、何気ない動作にも意味がこもります」

　リハーサルは、台詞を覚えるためだけのものではありません。本質的には、制作にかかわるチーム全体が、同じ方向を向き、根底にあるテーマを理解していることを確認するプロセスです。シェイクスピア劇のようなよく知られた作品でも、俳優とクルー全員が、古典作品をどのような作品にするかを具体的に把握していなくてはなりません。

ジャストン・ストリート(右)
(Juston Street)

「エブリバディ・ウォンツ・サム!! 世界はボクらの手の中に」
(原題：Everybody Wants Some!!)
2016年
監督：リチャード・リンクレイター (Richard Linklater)

熱意を試す

リチャード・リンクレイターは、撮影前の準備をとても大切にする監督です。2018年のインタビューで監督は「俳優たちとは、彼らが演じるキャラクターについて話すことから始まる。人物像を掘り下げてもらい、3週間のリハーサルで準備を整える。これは必須のプロセスだ」と語っています。

大学野球部の青春コメディ「エブリバディ・ウォンツ・サム!! 世界はボクらの手の中に」でリンクレイター監督は、オーディションに来る俳優たちに、運動をしている姿を撮影してくるよう依頼しました。野球選手をリアルに演じる挑戦ができる俳優を見極めようと考えたのです。同じインタビューの中で、「この課題を真剣に受け止めない」俳優もいたと語っています。「『この

課題に向き合おうとしない人が、果たして3週間ものリハーサルをし、それをただの仕事以上のものとして受け止めるだろうか?』と考えたわけです。心からやりたいと願い、楽しんで取り組める人を選ばなくては」

リンクレイター監督は、リハーサルは役を演じて理解する機会であると同時に、作品への熱意を測る手段だと考えています。「私は脚本の執筆とリハーサルで自分の映画を見つけていきます。撮影は、最後の段階です。この過程をとることで、私の映画には、一種のゆるさがあるように見えるようです。しかし、そうではありません。それは意図した結果です。なぜなら、私は準備とリハーサルを大切にしているからです。撮り直しは、したことがありません」

モノローグ

登場人物が、自分の心理状態を
自分の言葉で明かす

現実と同じく、映画でも、長くて退屈な演説を好んで聴きたがる人はいないでしょう。日常でも、話の長い友人にひどくうんざりさせられた覚えは誰にもあるはずです。映画制作者は、キャラクターが延々と喋ることのないように注意しています。しかし、どうしても言わなければならない大切なことがあり、聞き手には少し時間と忍耐を要するようなシーンも存在します。このようなシーンは時として、激しく心を揺さぶり、ドラマチックです。適切に使えば、モノローグ（独白：特定の相手なしに語ること。あるいはその台詞）で、強烈なメッセージを伝えられます。

モノローグは、映画から始まったわけではありません。ウィリアム・シェイクスピアも、素晴らしいモノローグをいくつか書いています。1人の人間が心の底から語るのは、演劇と同様、映画も得意とするところです。また、モノローグを使う目的は、いくつも考えられます。キャラクターの世界観を明らかにします。映画の中心となっているテーマを強調します。映画の中で起きることに関連するストーリーを、語り手の観点から、彩り豊かに語ります。できごとや登場人物に新たな光を当てることもできます。理想的には、脚本のドラマチックな要素やコメディ要素をさらに強める役割を果たすような場面で使うのが効果的です。そして最も重要なのは、スポットライトを浴びてモノローグを語る俳優が、鑑賞者を魅了することです。

「JFK」（原題：JFK）
1991年
監督：オリヴァー・ストーン
（Oliver Stone）

ケヴィン・コスナー
（Kevin Costner）

正義

リーガルスリラーでは、モノローグが定番です。実際の法廷でも弁護士に最終弁論をする時間が与えられます。映画では、ストーリーの主たるテーマを詩的に語る手法がよく使われます。ケネディ大統領暗殺の真相を粘り強く追求する地方検事ジム・ギャリソン（ケヴィン・コスナー）を描いた映画「JFK」の終盤に、モノローグがあります。その内容は、弁護士が語る事件の概要をはるかに超えています。政治家の暗殺が、国をどう変えたかを熱を込めて論じているのです。

　序盤は、かなり控えめな調子です。しかし、アメリカ大統領の暗殺が陰謀であった証拠を示していくうちに、ギャリソンの怒りは高まります。コスナーは、ギャリソンの正義の憤りを示すと同時に、言葉に詰まる場面もあります。それは、ケネディの暗殺によってギャリソンが個人的にも大きく影響を

受けたことを示しています。監督・脚本のオリヴァー・ストーンは、このモノローグによって、主人公のいくつかの側面を明らかにしました。彼の良識、そして恐るべき不正がなされたという揺るぎない信念です。ギャリソンの言葉は独り言ではありません。彼の言葉は、この暗殺をきっかけに、アメリカ国民はもはや無邪気ではいられないのだという、ストーン自身の感情を強調しているのです。

　この場面でコスナーは、見えない巨大な敵に立ち向かい、黙らせようとする政治組織と戦ってきた、「JFK」でのギャリソンのすべてを感動的に語ります。このモノローグが辛辣に響くのは、彼の執念の探求が、実りに結び付いていないからです。

「摩天楼を夢みて」
（原題：Glengarry Glen Ross）

1992年

監督：ジェームズ・フォーリー
（James Foley）

アレック・ボールドウィン
（Alec Baldwin）

煽る

ピューリッツァー賞文学賞を受賞した戯曲「グレンギャリー・グレンロス」の映画化にあたり、映画の脚本も手掛けたマメットは、運の尽きた不動産セールスマンたち（エド・ハリス／Ed Harris、ジャック・レモン／Jack Lemmon、アラン・アーキン／Alan Arkin）が置かれている状況を説明するために、新しいシーンを序盤に書き加えました。不動産会社プレミアプロパティーズの重役ブレイク（アレック・ボールドウィン）は、オフィスにやってくるなり、「結果を出さなければクビだ」と3人に告げます。

　ブレイクのスピーチは、歯に一切衣を着せない漢気（おとこぎ）の塊です。セールスマンたちに非難を浴びせ、男らしさに疑問を呈し、自分の富と成功をひけらかします。ボールドウィンのモノローグは傲慢です。自分の能力を自慢し、3人のセールスマンを貶め、まともな仕事をするようにと迫ります。ブレイクが登場するのはこのシーンだけです。しかし本編にも、彼らを煽り立てたこの言葉の影響が尾を引いています。売り上げをあげない限り、ボスからの温情は一切なし。ブレイクはそれをはっきりと示したのです。わずか数分のシーンで、マメットは、印象に残る強烈なキャラクターを創りあげました。鑑賞者はブレイクについて詳しく知ることはありません。しかし、唖然とするほど暴力的なスピーチは、ブレイクの人間性を十分に伝えました。

「アニマル・ハウス」
(原題：National Lampoon's Animal House)
1978年
監督：ジョン・ランディス
(John Landis)

トム・ハルス
(Tom Hulce)

ジョン・ベルーシ
(John Belushi)

おバカをさらけ出す

有名なモノローグといえば、ドラマ作品のシーンがほとんどです。これは、スピーチは深刻なテーマについて語るはずだという前提があるからでしょう。しかし、大学のフラタニティ（クラブ）に属する男子学生たちが大暴れする、1970年代の反体制コメディ「アニマル・ハウス」はどうでしょう。ジョン・ベルーシ演じるブルートは、だらしない飲んだくれで、フラタニティ「デルタ・ハウス」のメンバーです。賢くも上品でもなく、いざ話し始めると、何があっても止まりません。

　映画の終盤で、デルタ・ハウスは取り潰しの窮地に立たされます。ほかのメンバーたち（フラタニティでは、互いをブラザーと呼びます）が落ち込む中、ブルートは彼らを奮い立たせるべく、檄を飛ばします。このタイプのモノローグは、心を揺さぶり、やる気を鼓舞するためにスポーツ映画で使われます。しかし、

ブルートが口にしたのは、意味のない言葉です。「俺たちが決めるまでは、終わりなんかじゃない！ドイツ軍が真珠湾を爆撃した時点で戦争は終わったか？そんなことない！」ブルートが歴史を知らないことは、気にしないでください。ちなみに真珠湾を爆撃したのは日本軍ですね。重要なのは、ブルートが「諦めるな！」とブラザーたちを勇気付けていることです。

　このモノローグは、愛すべき大馬鹿者であるブルートだからこそ成立したのです。「アニマル・ハウス」を傑作にした、一風変わったコメディスタイルにも合っています。時には、言っていることよりも、気合の方が重要なことがあります。これは、すべての脚本家が覚えておくべきことでしょう。映画のスピーチには、練られた台本や、エレガントさだけではなく、熱意も大きく貢献します。

モチベーション

行動の根底にある動機を理解する。
他人にはわからなくても、
その人物にとっては重要な理由もある

「この役のモチベーションは何?」気取った俳優を面白おかしくあつかった映画やTV番組を観ると、たいてい、アーティスト気取りのキャラクターがこの台詞を口にします。演技に興味のない人にとっては、モチベーションの必要性そのものが理解不能で、意味のない問いかけのように思えるでしょう。「台詞を読んで、その役を演じればいいじゃないか。それがそんなに難しいのか?」と思うのが普通です。しかし、演技をここまで単純に解釈することは、侮辱的とまでは言わないまでも、知識不足です。

俳優が「モチベーション」と言ったときには、演じているキャラクターの行動は「何が原動力なのか」という意味です。たいてい、モチベーションは明らかです。窮地にいる女の子を救い出したい、ここ一番の試合に勝ちたい、宇宙を救いたい、といった思いです。しかし、キャラクターの意図を曖昧にしておいて、「この人物は何を意図してこんな行動をしたんだろう」と、鑑賞者に解釈を委ねる場合もあります。

このような場合、キャラクターの行動に現実味をもたせられるかどうかは、俳優にかかっています。鑑賞者がすんなりとは受け入れ難い選択をするキャラクターなら、なおさらです。そうなると、「モチベーション」の必要性に議論の余地はありません。つかみどころがなく、狡猾な主人公に共感してもらうには、モチベーションが必要不可欠です。

ロバート・パティンソン(Robert Pattinson)

「グッド・タイム」(原題：Good Time)
2017年
監督：ベニー・サフディ(Benny Safdie)
ジョシュ・サフディ(Josh Safdie)

嫌われ者の中核を見つける

グランジーなニューヨークを舞台にしたこのスリラー映画の主人公は、堅気ではありません。鑑賞者は、彼の奇妙な旅に引き込まれてゆきます。監督のベニーとジョシュのサフディ兄弟は、チンピラのコニー(ロバート・パティンソン)が銀行強盗に失敗したその後を追います。コニーの弟ニック(ベニー・サフディ)は警察に捕まりますが、コニーは逃走し、ニックを刑務所から出すための保釈金を調達できないかと考えます。それがうまくいかないと、コニーはさらに無謀な策へと進みます。刑務所で起きた喧嘩でニックが負傷し、病院に搬送されたと知ると、病院に押し入ります。そして、事態は悪い方へ、悪い方へと転び続けます。

コニーはこそ泥であるだけでなく、嘘つきで、自己中心的で、自分のことだけを考え、ニックを逃すためなら他人を操ろうとする人間です。冷静に考えれば、応援したくはない人物でしょう。にもかかわらず、パティンソンが演じたコニーは、魅力的な人物に映ります。「愛すべき」人物だと思う人はいないかもしれません。しかし、パティンソンはこのチンピラに内面的な論理を持たせ、鑑賞者はそれを受け入れました。

パティンソンはかつて私にこう語りました。「彼は、配られた手札で勝負しているだけです。コニーが馬鹿だとは思いません。彼は物事に対して哲学的な考え方をしてはいても、哲学という概念が存在していることすら知らない人間です。自分を天才だと思っているのに、無知な部類に入る人間だという言い方もできます。コニーは、物事はこうあるべきだと信じ込み、最終的な結果を追うことに必死です。まるで、自分の意思で結果を存在させようとしているようです」。このようなモチベーションを介して演じることで、パティンソンは、鑑賞者の心をつかむキャラクターを創りあげました。

「ロスト・イン・
トランスレーション」
（原題：Lost in Translation）
2003年
監督：ソフィア・コッポラ
（Sofia Coppola）

スカーレット・ヨハンソン
（Scarlett Johansson）
ビル・マーレイ
（Bill Murray）

つながりを形成する

ソフィア・コッポラの脚本には、つかみどころのない人物たちがよく登場します。モチベーションが明快ではないのです。彼女の作品の中で、最も高く評価されている「ロスト・イン・トランスレーション」は、時代に取り残された俳優のボブ（ビル・マーレイ）と、彼が東京で出会った若い人妻シャーロット（スカーレット・ヨハンソン）のストーリーです。ボブはCMの撮影で東京に滞在しており、写真家の夫が撮影をしている間、シャーロットは暇をもてあましています。2人はこれ以上ないほど相反する存在です。ビルは有名で中年、シャーロットは若く、これと言った目的のないまま日々を過ごしている。それでいて両者ともに幻滅と闘っています。2人はつながりを築くものの、映画には互いに相手をどう思っているかについて、はっきりとした答えがありません。

　この作品でアカデミー脚本賞を受賞したコッポラは、このストーリーのインスピレーションをこう語っています。「誰でも、思いもよらない誰かと素晴らしい時を過ごす瞬間はあるものです。その後で現実の生活に戻っても、その時のことは何らかの形で残ります。そうなってはじめて、素晴らしくて

楽しい体験になるわけです。…（中略）…時に、知人には言えないのに、見知らぬ他人に向かって言えることがあります。でも私は、主人公の2人が互いにつながりがないと感じている時に訪れる、つかの間のつながりが好きだったんです。…（中略）…私には、ほのかな恋のようであって、ただの友だちという関係の人がいたことがあります。（主人公2人の関係は）もっと無垢な感じにしたかった。2人が性的な関係を持つと、現実に引き戻されてしまいます」

　役を演じるために、マーレイとヨハンソンは細い糸の上を歩かなければなりませんでした。「ロスト・イン・トランスレーション」はロマンスではないものの、彷徨う魂が互いの中に何かを見つける、ある種のラブストーリーです。俳優たちは、その曖昧さを表現する必要がありました。従来の映画によくある、情熱的なつながりを表したいという衝動に抵抗しながら。2人は性的な魅力ではなく、もっと深く説明のできない何かによって動かされているのです。

「プレシャス」
（原題：Precious）
2009年
監督：リー・ダニエルズ
（Lee Daniels）

モニーク
（Mo'Nique）

モンスターの内なる苦しみを理解する

モニークは、娘のプレシャス（ガボレイ・シディベ／Gabourey Sidibe）を肉体的にも、言葉の暴力でも虐待する、容赦ないモンスターのような母親メアリー役で世界的に高い評価を（そしてオスカー助演女優賞も）得ました。しかし、モニークがこの役を理解することは、彼女自身が少女時代に直面した虐待の記憶を蘇らせることでもありました。

彼女は雑誌「エッセンス（ESSENSE）」のインタビュー記事でこう語っています。「私は兄から性的ないたずらをされたことがあります。両親にそのことを話すと、兄は私を嘘つきだと言い、親は何もしてくれませんでした…（中略）…責めているわけではありません。私も兄も両親から産まれたのですから。それに、両親がどのような立場に立っていたかもわかりません…（中略）…母が『もし本当なら、また起きるかもしれない』と言ったのが忘れられません。こう考えていたのを覚えています。『嘘なんてついてない。なぜこの状況で"もし"なんて言うんだろう』と」

念のために言っておきますが、「プレシャス」でのモニークのように、心を締め付ける演技をするためには、個人的なトラウマが必要だと言っているのではありません。しかし、彼女はメアリーを演じることが、家庭での「虐待」に少しでも世間の注目を集める機会になればと考えていました。モニークは「人に知ってもらうこと、自分の子どもをしっかり見るようにと伝えるのは私の義務」だと述べています。

アマチュア

リアルさを演出するために、
一般人をキャスティングする

俳優以外の人を「アマチュア」あるいは「素人」と呼ぶのは、やや見下しているような感じがします（「一般人」という呼び方も、同様です）。演技とは、その道に長けた男女が一生をかけて磨き上げていく技術ではあるものの、感情を表現する基本テクニックを理解していないからといって、プロの俳優よりも人間として劣っているわけではありません。

この前提に立ち、時にアマチュア（ノンプロ）をあえて重要な役に起用する監督がいることを覚えておきましょう。このような監督は、いわゆる"訓練"を受けていない演技者を求めているのです。アマチュアをキャスティングした最も有名な作品は、「自転車泥棒」(175ページ)でしょう。その理由は、ストーリーのリアリティを増すためです。時には素のままの人間が、どんな名優をもしのぐ演技を見せてくれることがあります。

「エレファント」
（原題：Elephant）
2003年
監督：ガス・ヴァン・サント
（Gus Van Sant）

アリシア・マイルズ
(Alicia Miles)
ジョン・ロビンソン
(John Robinson)

匿名性を演出する

「エレファント」は、カンヌ国際映画祭のパルムドール受賞作品で、1999年にコロラド州のコロンバイン高校で起きた銃乱射事件がベースになっています。13人が命を落としたこの事件が起きたときには、全米に衝撃が走りました。ガス・ヴァン・サント監督は、10代の子どもたちの役には、有名スターではなく、演技経験のないアマチュアを多数キャスティングしました。

監督の戦略は意外ではありません。アマチュアを起用する主な理由の1つは、映画スターを起用する難点の1つを回避するためです。注目度の高い俳優は、あまりにも有名なため、ほかの役ですでに鑑賞者との関係を築いてしまっています。たとえば、平凡な一般人のキャラクターとしてウィル・スミスを受け入れるのは、鑑賞者にとっては難しいでしょう。つい、「あれはウィル・スミスだ」と思ってしまいます。それに比べて、素人が演じて

いれば、何の先入観もありません。鑑賞者からすれば、真っ白いキャンバスです。

このアプローチは、コロンバインの悲劇を、どこでも起こりうる学校銃撃事件として描いた「エレファント」のような映画では効果的です。そして、ヴァン・サント監督がキャスティングした役者を知らない鑑賞者たちは、ありふれた、一般的な、どこにも起こり得ることとして、このシナリオをすんなりと受け入れます。「エレファント」はフィクションであるにもかかわらず、アマチュアのキャストたちが、作品に生々しい現実の空気を与えています。このようにして、ヴァン・サント監督はコロンバイン事件の具体性や詳細からは一歩離れ、私たちの社会に存在する、はるかに大きく、厄介なテーマを訴えました。孤立、無力さ、怒りが、このような悲劇につながるのです。

「フィッシュ・タンク」
（原題：Fish Tank）
2009年
監督：アンドレア・アーノルド
　　（Andrea Arnold）

ケイティ・ジャーヴィス
（Katie Jarvis）

その瞬間を生きる

監督のアンドレア・アーノルドは、主演にアマチュアをたびたび起用しています。2016年のインタビューでアーノルド監督は、その理由をこう説明しました。「（プロの）俳優は、手掛かりとなるものをたくさん欲しがるように思います。その気持ちはよくわかります。でも、私はリハーサルをしないし、最初は脚本も渡しません。俳優が否応なくその瞬間を体験し、手掛かりがほとんどないような状況が好きなんです」

　2009年の青春ドラマ「フィッシュ・タンク」の制作にあたり、アーノルド監督が起用したのは演技経験のないケイティ・ジャーヴィスでした。彼女の役は、行き場のない気持ちを抱えた、貧しいティーンエイジャーのミアです。アマチュアについてアーノルド監督はこう言います。「彼らはありのままなんです。ある世界の中で、自分自身を生きています。…（中略）…ケイティの場合には、いつでも自然体でいるように言っていました。しかし同時に、彼女に私の言葉を語ってもらってもいます。彼女は、私が決めた服を着ます。普通ならありえないような状況を彼女に与えています。つまり、私が創造した世界を、彼女自身のままで体験しているのです」

「クローズ・アップ」
（原題：Close-Up）
1990年
監督：アッバス・キアロスタミ
（Abbas Kiarostami）

モフセン・マフマルバフ
（Mohsen Makhmalbaf）
ホセイン・サブジアン
（Hossain Sabzian）

現実を追体験する

イランの脚本家兼監督である、故アッバス・キアロスタミの演出は、時として鑑賞者の現実認識を惑わします。その頂点ともいえる例が、フィクションとノンフィクションの境界線を曖昧にした映画「クローズ・アップ」でしょう。この作品は、実際のできごとを実体験した本人たちが再現しています。

　主人公は、ホセイン・サブジアンという映画愛好家。イランの有名監督モフセン・マフマルバフになりすまして裕福な家族に取り入り、架空の次回作の撮影用に喜んで家を提供してもらうというストーリーです。サブジアンは詐欺罪で裁判にかけられ、その事件を知ったキアロスタミ監督が、事件とその影響を題材に映画を作りました。

　キアロスタミ監督は事件の当事者たちを説得し、本人役を演じてもらいました。それが「クローズ・アップ」の鑑賞者に不思議な感覚を与えます。観ているのは「現実」か？　それとも「演技」なのか？　実際のできごとを再現したら、そのできごとの真実はどう変わるのか？　監督のこの大胆な策略は、俳優たちに演じさせていたら、これほど興味深いものにはならなかったでしょう。演じているのが、当人たちであることが重要なのです。鑑賞者は「誰もが過去を書き換えて再構築しようとしている」こと、そして「映画の"リアリティ"の概念を盲目的に受け入れている」ことに考えを巡らせます。

ディレクティング

フレーミング

フレーム内のどこにどう俳優を配置するかを
検討し、シーンの画をつくる

映画の登場人物は、ただそこに居て、言葉を交わせばよいわけではありません。きちんとした監督なら、シーンをどう演出するかを考えます。演出には、たくさんの要素がかかわっていますが、ここではフレーミングに注目します。フレーミングとは、監督がどの俳優をどこに配置するか、そのフレーム内をどう動くかを決めることを指しています。このクリエイティブな決断は、カメラや照明などの要素と一緒に、すべてが調和するように検討されます。これらをひとまとめにして、「ブロッキング」と呼びます。

フレーミングに問題がなければ、シーンのフレーミングの是非について深く考える鑑賞者はいません。目前で展開されるドラマに集中します。これを念頭に置いて、単純なシーンを3つ取り上げ、フレーミングがどうなっているのか、それが何を伝えようとしているのかを考察しましょう。

「ドゥ・ザ・ライト・シング」
（原題：Do the Right Thing）
1989年
監督：スパイク・リー
（Spike Lee）

撮影：アーネスト・
ディッカーソン
（Ernest Dickerson）

ルビー・ディー
（Ruby Dee）
オシー・デイヴィス
（Ossie Davis）

片思い

スパイク・リー監督による力作「ドゥ・ザ・ライト・シング」は、アメリカの人種と階級の問題に切り込んでいます。舞台は人種のるつぼ、ニューヨーク市の一角。暑さ厳しい真夏のとある1日です。このアカデミー賞ノミネート作品には、主要な人物が複数登場します。しかしここでは少しの間、ミニドラマを繰り広げるこの2人の脇役に注目しましょう。

ルビー・ディー演じるマザー・シスターは、窓辺に座って外の様子を眺めています。彼女は、凝りもせずに口説きにやってくる、酔っぱらいのダー・メイヤー（オシー・デイヴィス）にうんざりしています。上の画は、言葉なしに2人の関係を明らかにします。「ドゥ・ザ・ライト・シング」を観ていない人にも、この画像1枚で、この2人について知るべきことすべてが伝わります。

マザー・シスターの無関心な目つきと、目の端から肩越しにダー・メイヤーを見やる様子はどうでしょう。体を彼の方に振り向けることもせず、握った両手もよそを向いています。彼女の態度のどこにも、ダー・メイヤーの誘いを喜んでいるようなサインはありません。さらに、彼女は開けた窓の枠にすっぽり収まっています。これがボックス型の殻となって彼女を守り、2人の距離をより遠くしています。

対して、ダー・メイヤーはフレームの端から身を乗り出しています。おずおずと、嘆願するような姿勢です。リー監督は、ダー・メイヤーを侵入者として扱い、このシーンをブロッキングしました。それが、彼に対するマザー・シスターの感情です。彼はどうにか近づこうとしますが、圧倒的に優勢なのは彼女の方です。どちらも言葉を発しませんが、鑑賞者は、2人の力関係を完璧に理解します。

「危険なメソッド」
（原題：A Dangerous Method）
2011年
監督：デヴィッド・クローネンバーグ
（David Cronenberg）
撮影：ピーター・サシツキー
（Peter Suschitzky）

マイケル・ファスベンダー
（Michael Fassbender）
ヴィゴ・モーテンセン
（Viggo Mortensen）

ライバル

「危険なメソッド」は実話に基づいた作品で、ジークムント・フロイト（ヴィゴ・モーテンセン）とカール・ユング（マイケル・ファスベンダー）の師弟関係とその確執を描いています。若者たちの間で厄介な師とされていたフロイトですが、ユングは尊敬していました。映画では、非凡な2人の精神分析医がそれぞれの観点を持ち、議論する台詞（せりふ）が山ほど出てきます。それでは、そのような心のぶつかり合いは、どうすればビジュアル化できるでしょう？

　上の画像に、いくつかヒントがあります。デヴィッド・クローネンバーグ監督は、フロイトを前景に配置して彼の印象的な表情がシーンの領域を大きく占めるようにしました。これは、彼が友人よりも知的に優れていることを暗示します。ユングの方が小さく、権力者であるフロイトの様子を伺っているように見えます。しかし、両者ともにくっきりと鮮明です。これは、「危険なメソッド」が、この2つの偉大な知性の戦いなのだと示しているのです。ユングの緊張をはっきり示すのは、こわばったようなカップの持ち方だけです。この画は、親しい間柄を示してはいません。静かな戦いが繰り広げられていることは、この一瞬を切り出したスナップショット（そして映画本編）から、明らかです。

「レット・ザ・サンシャイン・イン」
（原題：Un Beau Soleil Intérieur）
（英題：Let the Sunshine In）
2017年
監督：クレール・ドゥニ
（Claire Denis）
撮影：アニエス・ゴダール
（Agnès Godard）

ポル・ブラン
（Paul Blain）
ジュリエット・ビノシュ
（Juliette Binoche）

親密な抱擁

ジュリエット・ビノシュが演じるのは、本当の愛を探して葛藤する、中年アーティストのイザベラです。彼女の気を引こうとする男性は何人かいますが、そのうちの1人として、理想の相手だとは思えません。あるとき、ときめきの瞬間が訪れます。彼女は、クラブで出会い、スローダンスを踊った見知らぬ男性に心を奪われます。これは現実でしょうか？ それとも空想？ このシーンが秀逸なのは、それがどちらだかわからないことです。クレール・ドゥニ監督の演出の狙いはそこです。

　このようなシーンはブロッキングが重要です。現実と空想、どちらともとれる曖昧な境界は、どうとらえたらよいでしょう？ この画像を見てください。このシーケンスが、曖昧さをしっかりとらえていることがわかります。

　ドゥニ監督は、2人の俳優をぐっと近寄せました。ビノシュは目を閉じ、夢を見ているようでもあります。鑑賞者には男性の顔が見えません。これは、男性がイザベルほどは重要な存在ではないことを暗示します。単に本作の主人公がイザベルだからというわけではありません。これは彼女のシーンなのです。鑑賞者の目は彼女の反応に引き付けられます。

　さらに、2人はフレームの端にいて、周囲の人々から離れています（そして、現実の世界からも）。鑑賞者は、繊細な秘密の瞬間を盗み見ているような気分になります。イザベラが片手だけで引き寄せるようにして男性を抱く様子は、この出会いのはかなさを強調しています。ドゥニ監督は、巧みなブロッキングで、こうした情感すべてを鑑賞者に伝えました。

被写界深度

フレーム内のどこまでを鮮明に見せるかを
戦略的に選ぶ

ショットの被写界深度を決める際に考えるのは、フォーカスを合わせる範囲と、そうする理由です。「被写界深度」を一言で説明すると、フレーム内で人物や物が鮮明に見える領域の寸法です。たとえば、浅い被写界深度に設定すると、そのショットでは、焦点の合う領域は非常に狭くなります（このようなショットでは、最も重要な被写体のみが鮮明に映り、その手前も奥もすべてがぼやけます）。被写界深度が深いほど、鮮明に見える領域は広くなります（技術的には、レンズの絞りを開くほど、被写界深度が浅くなります。同様に、レンズの焦点距離が長くなるほど、被写界深度が浅くなります）。

カメラの調整はそれほど大きい問題には思えないかもしれません。結局のところ、主人公が目立っていさえすれば、背景は気にしなくても、かまわないのではないでしょうか？ 本当にそうでしょうか？ 被写界深度でシーンのドラマがどう変わるかを見ていきましょう。

「ムーンライト」
（原題：Moonlight）
2016年
監督：バリー・ジェンキンズ
（Barry Jenkins）
撮影：ジェームズ・ラクストン
（James Laxton）

アレックス・ヒバート
（Alex Hibbert）

疎外感

アカデミー受賞作「ムーンライト」は、自分探しに苦悩する同性愛者の黒人青年のストーリーです。脚本の共同執筆者でもあるバリー・ジェンキンズ監督は、シャロンの内なる苦悩をさまざまな方法で明らかにしていきます。このシンプルなショットは、どんなにたくさんの台詞よりも、多くを語ります。

　この画像（三部構成の「ムーンライト」の第一部より）は、自分が同性愛者ではないかと疑い始めた、子ども時代のシャロン（演じるのはアレックス・ヒバート）です。しかし、自分の性のアイデンティティへの疑問は、彼を悩ませる多くのことの1つでしかありません。母親はひどい麻薬中毒です。手本となるしっかりとした男性は身近にいません。面倒を見てくれているのは、地域の麻薬密売人の男です。

　このショットで強く想起させられるのは、シャロンの疎外感です。この感覚の大部分は、浅い被写界深度によってもたらされています。シャロンは鮮明に映し出されていますが、彼の周囲はすべてぼやけています。周囲から切り離され、自分だけの世界にいるかのようです。浅い被写界深度を使うのは、精神的に孤立した状態を表現する1つの方法です。

「マルタの鷹」
（原題：The Maltese Falcon）

1941 年

監督：ジョン・ヒューストン
（John Huston）

撮影：アーサー・エディソン
（Arthur Edeson）

ハンフリー・ボガート
（Humphrey Bogart）

メアリー・アスター
（Mary Astor）

バートン・マクレーン
（Barton MacLane）

ピーター・ローレ
（Peter Lorre）

ウォード・ボンド
（Ward Bond）

複雑さ

ディープフォーカスと言えば、「市民ケーン」（原題：Citizen Kane）です。この映画でのディープフォーカスの使い方についても、本書で後ほど説明します（87ページを参照）。しかし、深い被写界深度を取り入れたのは、オーソン・ウェルズ（Orson Welles）監督の名作だけではありません。同じ 1941 年制作のほかの映画でもやはり、このテクニックが使用されました。

「マルタの鷹」は、謎の美女ルース・ウォンダーリー（メアリー・アスター）から妹を探してほしいと依頼された、私立探偵サム・スペード（ハンフリー・ボガート）のハードボイルドストーリーです。ジョン・ヒューストン監督の脚本は、スペードを思いもよらない事件に巻き込んでいきます。そして監督は、どのシーンも鑑賞者にすべてを見せようと考えました。

上の画像が示すように、フレーム内のすべての領域が鮮明です。フィルムノワール作品「マルタの鷹」は、スペードが出会うすべての手掛かりや人物を鑑賞者にはっきり見せ、女性の失踪につながる可能性を考えるようにと招いているのです。深い被写界深度で撮影された画面は情報が多く、複雑で、まるで小説のような味わいで物語が進行します。1930 年に出版されたダシール・ハメット（Dashiell Hammett）の小説が原作のため、それにふさわしい演出だとも言えるでしょう。

「地獄の黙示録」
（原題：Apocalypse Now）
1979年
監督：フランシス・フォード・コッポラ
（Francis Ford Coppola）
撮影：ヴィットリオ・ストラーロ
（Vittorio Storaro）

マーティン・シーン
（Martin Sheen）

再生

衝撃的な戦争映画「地獄の黙示録」で、主役のウィラード大尉を演じるのはマーティン・シーンです。優秀な戦術家であり、ベトナム戦争のさなかに軍から離れたカーツ大佐（マーロン・ブランド／Marlon Brando）を暗殺する任務を負っています。ウィラードには任務を遂行する自信はありませんでした。しかし映画の終盤でようやく、この伝説の軍人に出会い、任務を遂行します。

　カーツを暗殺することでウィラードが経験した個人的な変容を示すために、フランシス・フォード・コッポラ監督は、主人公は鮮明に映し出し、周囲をぼやけさせました。鑑賞者は、現実に立ち返ったこの兵士が、任務を開始した当初とは別人であることをビジュアルで理解します。彼は今、周囲の環境とは切り離されて立っています。戦争の恐ろしさを間近で目にしたウィラードのような人間のための場所は、世界のどこにも存在しないのでしょう。今や彼にとって、普通の日常の方が、奇妙なものに思えて仕方ないのです。

　これらが、台詞なしに伝えられていることを忘れないでください。鑑賞者は、浅い被写界深度の映像から感じとるのです。

トラッキングショット

空間内を移動する人物をカメラが追うことで、映像に活力と動きを与える

映画は、主人公抜きには語れません。障害や予想外の展開を経験するとき、鑑賞者はその登場人物の立場に立ちます。または、経験することを間近で見ています。トラッキングショット（カメラを移動させながら長回しで撮った映像）は、主人公と鑑賞者とを感情的に強く結びつける効果があります。トラッキングショットとは、空間内を移動する俳優（または複数の俳優）を追うようにカメラを動かしながら撮影するテクニックで、通常、カットなしの長回しで一連のアクションを撮影します。したがって、撮影者と俳優の両方から、演技（アクション）をやり遂げようという緊迫感が伝わります。また、トラッキングショットは、登場人物が置かれている周辺状況や、差し迫った危険を見せる目的でも使用します。エネルギーやドラマが、カメラの動きによって伝わるのです。

最近では、デジタルテクニックを駆使して、実際には個別に撮影したショットを滑らかにつなぎ合わせ、トラッキングショットに見せかけることもできるようになりました。アルフォンソ・キュアロン監督の「トゥモロー・ワールド」では、このテクニックが見事に使われています。これを「ごまかし」だと見破れる鑑賞者は、いないでしょう。ストーリーテラーにとっては、トラッキングショットをどうつくり上げたかよりも、感情と物語の両面から、伝えたいことを伝えられているかどうかが問題です。

「つぐない」（原題：Atonement）

2007年

監督： ジョー・ライト
（Joe Wright）

撮影： シーマス・マッガーヴェイ
（Seamus McGarvey）

ジェームズ・マカヴォイ
（James McAvoy）

戦争の狂気

セシーリア（キーラ・ナイトレイ／Keira Knightley）と恋に落ちたロビー（ジェームズ・マカヴォイ）は、第三者の嘘の証言によって離れ離れになります。罪に問われた彼の人生は一変し、第二次世界大戦ではダンケルクの戦いの只中に身を置きます。このとき、巧みなトラッキングショット（長回し）によって、血にまみれた砂浜へと鑑賞者が誘われるシーンがあります。

　このシーンは、カメラオペレーターのピーター・ロバートソン（Peter Robertson）がステディカムで撮影しました。彼は当時の「Variety」誌のインタビューでこう語っています。「このショットは、撮りながら発想していきました。私は映像のひとり目の鑑賞者です。ほかの鑑賞者よりも前にショットを観て、どう撮るべきかを決めていかなくてはなりません。無謀なアイデアの

ようでしたが、理解し始めた後では、「やってみよう、きっと良い画になる」と言いました」

　実際、このシーケンスのために大規模かつ複雑な現場が用意されました。馬が撃たれる場面、鞍馬で技を披露している兵士、すべてがつながっていて、カメラは最初から最後までロビーを追い続けます。鑑賞者は、この世のものとは思えない環境を通り抜けるロビーを追いながら、周囲の光景の異様さを目撃します。トラッキングショットの画は、後半になるにつれて、現実離れしていきます。そして、この戦いの規模と恐ろしさをまざまざと感じとります。ロビーは鑑賞者を先導しているのです。悪夢のような情景の中を進み続けるロビー。ひるむことなくそれを追うカメラ。

「トゥモロー・ワールド」
(原題：Children of Men)

2006年

監督：アルフォンソ・キュアロン
(Alfonso Cuarón)

撮影：エマニュエル・ルベツキ
(Emmanuel Lubezki)

クライヴ・オーウェン
(Clive Owen)

クレア＝ホープ・アシティ
(Clare-Hope Ashitey)

生き残るための闘い

21世紀には素晴らしいディストピアドラマが何本か制作されましたが、最も荒涼とした世界を描いたのが、「トゥモロー・ワールド」でしょう。この希望のない近未来の社会では、人間が子どもを産む能力を失います。鑑賞者は、この絶望的な状況の中へと引き込まれていきます。

　しかし、アルフォンソ・キュアロン監督は、この暗い話が語られるスクリーンに、爽快感ある驚異的なシーケンスをたっぷり盛り込みました。彼のトラッキングショットの使用は達人級で、この映画にも何度か組み込まれています。最も印象的なショットの1つは、状況を理解しきれていないセオ（クライヴ・オーウェン）が、妊娠している少女キー（クレア＝ホープ・アシティ）を安全に送り

届けようとする場面です。戦闘区域のど真ん中にいることに気付いた彼は、銃弾を避けながら必死に逃げます。

　このシーケンスで、キュアロン監督は、オーウェンを通りから近くの建物へと移動させます。このシーンのスリルはもちろん、演技からしっかり伝わってきます。主人公は、一瞬にして地獄と化した場所に放り出されるのです。しかし、セオとキーの危うさを強調したのは、トラッキングショットの力でもあります。カメラの動きは滑らかではなく、まるで戦場カメラマンが撮影した動画を観ているようです。登場人物たちが恐怖を体験していることが伝わるのは、鑑賞者が一緒に体験しているからです。

46　映画はこう作られていく

ボーク・エリカ(Erika Bók)

「ニーチェの馬」(原題：A torinói ló) (英題：The Turin Horse)
2011 年
監督：タル・ベーラ(Béla Tarr)、フラニツキー・アーグネシュ(Ágnes Hranitzky)
撮影：フレッド・ケレメン(Fred Kelemen)

耐え難い人生

「ニーチェの馬」は、ハンガリーの映画監督タル・ベーラが得意とする「長回しの交響曲」と称すべき作品です。年老いた農夫(デルジ・ヤーノシュ／János Derzsi)と成人した娘(ボーク・エリカ)が、人里離れた場所で厳しい生活を送っています。タル監督およびフラニツキー・アーグネシュ共同監督は、綿密な計画に基づいた構図のショットとこだわりのディテールで、家族の苦難を記録します。

小屋の外では、強い風が吹き荒れています。これは映画の最も印象的なシーケンスの 1 つであり、娘は情け容赦のない風と闘いながら、バケツを持って目的地にたどり着くために前へと進みます。シネマティックな画には見えないでしょうが、「ニーチェの馬」における自然の力の描写は、シンプルに見えるシーンに神話的な力を与えます。そしてその大部分は、娘がどれほどの苦難に耐えているかを明らかにする、トラッキングショットで撮影されています。ボークがこの困難なアクションを演じる間、鑑賞者は文字通り、彼女の真後ろにいます。登場人物が経験する苦悩と無縁ではありません。苦悩を共にしているのです。

クローズアップ

親密さを演出し、表情からわずかに
うかがえる感情に注目させる

「デミル監督、クローズアップをお願い」。「サンセット大通り」(原題：Sunset Boulevard)の終盤で、
妄想にとりつかれた女優ノーマ・デズモンド(グロリア・スワンソン／Gloria Swanson)が発するこの台
詞は、俳優の顔にカメラを近づける撮影テクニック(クローズアップ)から、最も多くの映画ファンが
連想する言葉ではないでしょうか。クローズアップではその人物の顔がフレームの大半を占め、
表情を細部まで見せます。表情は、キャラクターの思考や感情を表す窓ともいえるでしょう。映画
のクローズアップは、句読点のようなものです。直前のショットとはまったく異なる"寄り"のショッ
トに切り替わると、驚くような対比ができます。俳優は、鑑賞者の前にむき出しの感情をさらけ出
します。それが鑑賞者の目には、力強くも、不快にも映ります。クローズアップの映像からは、目を
そらすことができません。

技術的なレベルでは、クローズアップは(名前が示すように)被写体を近くからとらえた狭いショットで
す。人物だけでなく、比ゆ的な意味を持つもの、ストーリーの上で重要な意味を持つアイテムなど、
無生物のオブジェクトもクローズアップで撮影することがあります。「市民ケーン」でチャールズ・
フォスター・ケーンが手に取ったスノードームが有名な例です。しかしこの項では、顔のクローズ
アップに限定して検討しましょう。

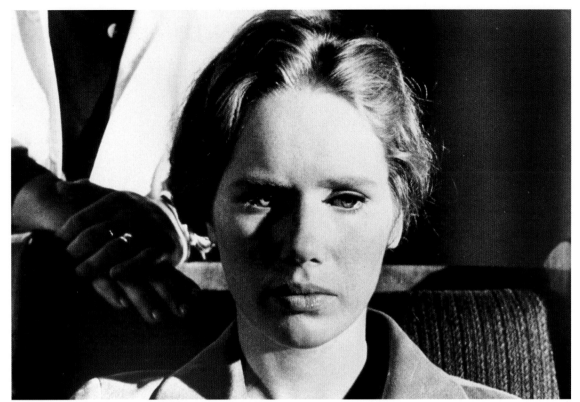

「仮面／ペルソナ」
（原題：Persona）
1966年
監督：イングマール・ベルイマン
（Ingmar Bergman）
撮影：スヴェン・ニクヴィスト
（Sven Nykvist）

リヴ・ウルマン
（Liv Ullmann）

感情

スウェーデンの革新的な映像作家イングマール・ベルイマンは、かつて次のように語りました。「しっかりとした照明、演出、演技で撮影したクローズアップは、映画撮影術の極みであり、今後もそうあり続けます。それに勝るものはありません。俳優の視線を通じて別の魂をいきなり経験する、信じがたいほど奇妙で神秘的な出会いです。ひらめく、血の気が引く、顔がほてる、小鼻がひくつく、肌がぱっと輝く、じっと押し黙るなど、私にとっては、人が経験することの中でも、最も素晴らしく、魅力的な瞬間です」

ベルイマン監督がクローズアップにこれほどまでの情熱を持っていたとは、少し驚きです。人間の魂の記録者であるベルイマン監督は、苦しみ、葛藤する人物を主人公に据え、彼らが心の奥底に抱える傷を描き出す作品を撮り続けました。カメラを俳優の顔に近づけることで、感情を読み取るようにと鑑賞者に促し、俳優からは非常に率直な演技を引き出しました。

「仮面／ペルソナ」でビビ・アンデショーン（Bibi Andersson）は、看護師アルマを演じました。彼女は、心身が衰弱し、突然言葉を失った有名女優エリザベート（リヴ・ウルマン）の世話をします。エリザベートの静養のため、街から離れた別荘で一緒に過ごし始めると、この2人の女性たちは互いの人格が溶け合っていきます。

クローズアップを多用した画面で、看護師と女優の間の難しい関係を目にしているうちに、鑑賞者は、落ち着かない気持ちになります。アンデショーンとウルマンの顔を凝視したカメラは、2人がかかえる内面の問題を浮き彫りにするからです。ベルイマン監督の手によるクローズアップは、人間のささやかな経験をくっきりと浮き上がらせ、わずかな苦悩や不安をリアルタイムで強調します。

「裁かるゝジャンヌ」

（原題：La passion de Jeanne d'Arc）

（英題：The Passion of Joan of Arc）

1928年

監督：カール・テオドール・
　　　ドライエル
　　　（Carl Theodor Dreyer）

撮影：ルドルフ・マテ
　　　（Rudolph Maté）

マリア・ファルコネッティ
(Maria Falconetti)

過酷さ

「サンセット大通り」には、サイレント映画時代のスター女優ノーマ・デズモンドが、トーキーの新時代を嘆く場面があります。「台詞なんていらなかったわ。私たちには美しい顔があったのよ！」画期的なサイレント映画「裁かるゝジャンヌ」は、デズモンドが意味することをはっきり示しています。

　映画は、ジャンヌ（マリア・ファルコネッティ）が異端者として裁かれ、有罪を宣告され、処刑されるまでの最後の瞬間を描いています。カール・テオドール・ドライエル監督は、この15世紀の殉教者のストーリーを徹底的なリアリズムで描こうとしました。綿密なリサーチを行い、極度のクローズアップを駆使して、可能な限り、鑑賞者がドラマを近くで感じられるようにしました。

　この手法には、圧倒的な効果がありました。「裁かるゝジャンヌ」では、鑑賞者に逃げ場はありません。ジャンヌの厳しい試練をすぐそばで経験します。ファルコネッティの情感豊かな表情は、台詞よりも多くを語ります。

「ビール・ストリートの恋人たち」
（原題：If Beale Street Could Talk）
2018年
監督：バリー・ジェンキンズ
（Barry Jenkins）
撮影：ジェームズ・ラクストン
（James Laxton）

キキ・レイン
（KiKi Layne）
ステファン・ジェームズ
（Stephan James）

ロマンス

バリー・ジェンキンズ監督は、2018年にこう言いました。「鑑賞者には、登場人物たちと直接つながって欲しいのです。俳優がキャラクターを演じているときには、鑑賞者とそのキャラクターの間にはある程度の距離があります。演技がなく、俳優と演じるキャラクターとが完全に融合した瞬間には、鑑賞者にその人物の目を真っすぐに見てもらいたいのです」

ジェームズ・ボールドウィン（James Baldwin）の小説を映画化したこの作品で、ジェンキンズ監督は主役の恋人たちを演じたキキ・レインとステファン・ジェームズのクローズアップを挟んでいきます。折に触れ、この2人はカメラを直視します。「ビール・ストリートの恋人たち」は真実の愛の美しさと温かさを描いた作品です。クローズアップによって、鑑賞者は、愛情に包まれたような気分になります。脆くもあり、強く心打たれる、親密な愛情です。

同じインタビューで監督は、こうも言っています。「ケミストリー（恋に落ちていく2人の間に働く力）と聞くと、普通は「あぁ、この2人は服を脱がせ合いたがっているんだな」と思うでしょう。私がケミストリーと言っているのは、それとは違います。見方も考えもぴったりと合っていて、確かにつながっていると感じられる2人の間に漂う力を"ケミストリー"と呼んでいます」。監督はそんな恋人たちのすぐそばに鑑賞者を引き寄せることで、ケミストリーが自然に伝わるようにしています。

ロングショット

カメラの位置を下げて、
人物の周囲の環境までしっかり見せる

マスターショットとは、シーンの最初から最後までを 1 テイクで撮影したショットです。マスターショットを撮影した後で、個別の瞬間あるいは俳優のショットを撮影します。後から撮影した短い映像は、編集者がマスターショットに組み込みます。マスターショットを撮影するときには、人物の全身に加えて周囲の環境まで含めることが多いものです。周辺まで広くとらえられる距離から撮影したショットは、「ロングショット」と呼ばれます。

スポーツくじで「ロングショット」(大穴)と言えば、勝つ見込みの低い競技者のことです。映画のロングショット(ワイドショットとも)も同じように危険をはらんでいます。しかし、効果的に使えば、型破りな方法で見事に現実を語ります。加えて、ユーモアあふれるビジュアルにもなります。

「街の灯」(原題：City Lights)

1931年

監督：チャールズ・チャップリン
（Charlie Chaplin）

撮影：ローランド・トザロー
（Roland Totheroh）

　　　ゴードン・ポロック
（Gordon Pollock）

ハリー・マイアーズ
（Harry Myers）

チャールズ・チャップリン

ユーモア

「人生はクローズアップで見ると悲劇だが、ロングショットで見ればコメディだ」とは、コメディの大家チャールズ・チャップリンの言葉です。ハリウッド初の映画監督の1人であるチャップリンは、脚本、監督、製作、主演すべてを自ら行いました。彼の革新的なロングショットによって、鑑賞者は、放浪者の奮闘ぶりを十分に楽しむことができます。チャップリンはサイレント時代に一世を風靡した喜劇俳優です。クローズアップで撮影したら、面白味は損なわれるでしょう。鑑賞者が全体を見わたすには、カメラを後退させるしかありません。

　「街の灯」はチャップリン監督の秀でた能力を示す良い例です。ロングショットで、舞台上に繰り広げられるアクションをとらえていきます。離れた場所に設置したカメラは、人物を小さく写すため、表情なしで反応する（デッドパン）彼の演技にはぴったりです。加えて、優れたロングショットは、「1つのフレームでシーン全体を見たい」「放浪者とほかの登場人物とのやりとりを楽しみたい」という鑑賞者の要求も満足させます。チャップリンの全身を駆使したコメディは、巧妙に演出されています。1つのショットで、すべてを満喫するのが良策でしょう。

「プレイタイム」(原題：Playtime)

1967年

監督：ジャック・タチ
(Jacques Tati)

撮影：ジャン・バダル
(Jean Badal)

アンドレア・ウィンディング
(Andréas Winding)

ジャック・タチ

緊張

ジャック・タチが監督を務め、自ら出演もしている、革新的なビジュアルのコメディ「プレイタイム」。本作は、監督が込めた現代社会への風刺に気付かない人には奇妙に映ることでしょう。「プレイタイム」が難解だと感じる理由は、クローズアップやリアクションショットといった、映画制作の慣習にしたがった方法が使われていないことです。代わりにカメラをずっと後ろに置き、(タチ監督演じる)主人公のユロだけでなく、入り組んで、混沌とした、国際的なパリを映し出していきます。鑑賞者は、闘うユロとその環境を同時に観るわけです。

タチ監督は「プレイタイム」のために巨大セット「タチヴィル」を建設しました。その中で、ユロはひどく効率の悪いハイテクオフィスビルで仕事に応募してうまくいかなかったり、友人と過ごしたり、開店したばかりのしゃれたレストランで豪華なランチパーティに出席したりします。それぞれのシーケン

スで、鑑賞者はユロを背後から、または横から何度も目にします。タチ監督が作ったのは、現代化が進む都市における個人の無力さを強調したコメディです。その真意をビジュアルで伝えるには、ユロをちっぽけな存在として映すことが重要だったのです。

理論的には、ロングショットにすると、シーンの喜劇的要素やエネルギーが弱まってしまう可能性があります。何と言っても、すべてが鑑賞者から遠くなり、何が起きているかがしっかり見えません。しかしこのロングショットでは、通常目にしない、新鮮な喜劇的視点が可能になっています。これは、ずらりと並んだオフィスのキュービクルを見下ろすユロの有名なシーンです。労働者たちは、ガラスとスチールでできた巣の中で、働きバチのように元気よく働いています。

「未知との遭遇」(原題：Close Encounters of the Third Kind)
1977年
監督 ： スティーヴン・スピルバーグ (Steven Spielberg)
撮影 ： ヴィルモス・ジグモンド (Vilmos Zsigmond)

遠近感

ロングショットの大きい利点の1つが、距離感を伝えられることです。巨大なオブジェクトの大きさを示したいときには、おそらく、カメラを後退させるのが最適な選択でしょう。距離を置いて見ると、オブジェクトの大きさが明快になります。

　1977年にスティーヴン・スピルバーグが監督したSFドラマは、人類と接触するために地球に宇宙人がやって来るというシナリオでした。人類が地球外生命体に出会う直前、スピルバーグ監督は、宇宙船の巨大さを見せ、

このできごとの重要性を示しました。その手前でも鑑賞者は何度か宇宙船を部分的には目にします。しかし、驚嘆のフィナーレで初めて、この壮大な船の全貌を観ることができます。ここで監督は、ロングショットを使いました。

　この画像は、セットアップの効果がよくわかる例です。宇宙船の巨大さが伝わるのは、フレームの下部の小さい人間との対比によります。「未知との遭遇」のこのショットは、ロングショットが荘厳さを表すために使えることを示す好例です。

アスペクト比

ドラマを最大にする、フレームの幅を選ぶ

監督は、フレーム内に入れる情報について考えるだけでなく、どんなフレームを使うかについても頭を悩ませます。劇場で画像がどのように投影されるかは、アスペクト比によって決まります。IMAXとスマートフォンが出回った結果、フォーマットによってまったく異なる画像になることに、鑑賞者は慣れています。しかし、従来から使われている映画用のアスペクト比にも種類はたくさんあり、幅広い可能性があります。

その中でも極端なアスペクト比が4：3です。数字は、画像の幅と高さの関係を示しています。4：3は、ボックス（正方形）に近いフレームです。映画が登場して最初の数十年間は、このフォーマットが使われていました（古い時代の映画はこのアスペクト比が使われているため、現代の監督は、画面に映っているのがサイレントの時代や古い記録映像の画像だと示す目的で、4:3に切り替えることがあります）。しかし、4：3は現代の映画でも戦略的に利用されています。

「ミークス・カットオフ」と「アメリカン・ハニー」は、このフォーマットを見事に使いこなした現代の作品です。前者は、アメリカの独立系映画監督ケリー・ライヒャルトの作品で、1840年代を舞台に、オレゴン街道を進む人物たちの苦難を追います。「アメリカン・ハニー」は、脚本も手掛けたアンドレア・アーノルド監督による独創的な作品です。バンに乗って雑誌購読の訪問販売をしながら、アメリカ各地を旅する若者たちが描かれます。

どちらも、幅の広い通常のアスペクト比が理にかなっているように思えます。「ミークス・カットオフ」は、表向きは西部劇で、画面いっぱいに雄大な景観や壮大な自然が映し出されます。「アメリカン・ハニー」はロードムービーです。したがって、どこまでも続くフリーウェイには、ボックスよりも横長のアスペクト比の方が合うのではないでしょうか。しかし、ライヒャルト監督とアーノルド監督はこの期待を裏切りました。2人の判断には異論もありましたが、アスペクト比は、テーマを掘り下げることに有効なのだとも示しました。

「ミークス・カットオフ」
（原題：Meek's Cutoff）
2010年
監督：ケリー・ライヒャルト
（Kelly Reichardt）
撮影：クリストファー・
ブローヴェルト
（Chris Blauvelt）

ミシェル・ウィリアムズ
（Michelle Williams）

狭いフレームで緊張感を演出する

「ミークス・カットオフ」では、ミシェル・ウィリアムズ演じる開拓者が、アメリカの荒野をガイド（ブルース・グリーンウッド／Bruce Greenwood）に導かれて旅をします。その途中で、目的地に到着できるのだろうかと、ガイドの能力に疑いを抱きはじめます。この作品を4：3で撮影した理由を聞かれ、ライヒャルト監督はこう答えました。2011年、聞き手はFresh Air（ラジオ番組）のテリー・グロス（Terry Gross）です。「正方形に近い［アスペクト比の］方が、ボンネットを被っている女性の狭い視界に近いように思いました。プライバシーなどない、大勢のグループでの旅です。しかし、同時に孤独な旅でもあります。左右の端を切り落とすと、そこには何か知らないもの、見えないものがあるのではないかと疑いはじめます。そうなると、ある種の緊張感も生じます」

　「ミークス・カットオフ」の映像を観ていると、人物たちの周辺環境が見えないために、不安な気持ちになります。閉所恐怖症のような感覚です。ウィリアムズと共演者は広い荒野にいるにもかかわらず、その環境の中に閉じ込められているように思えるのです。4：3のアスペクト比は、再生と冒険の地としての西部開拓時代のロマンチックなイメージを拭い去ります。登場人物たちは、文字通り、箱の中に閉じ込められたように身動きのできない状況です。

「アメリカン・ハニー」
（原題：American Honey）
2016年
監督：アンドレア・アーノルド
（Andrea Arnold）
撮影：ロビー・ライアン
（Robbie Ryan）

サッシャ・レイン
（Sasha Lane）
シャイア・ラブーフ
（Shia LaBeouf）

4：3の画面で個人を強調する

アーノルド監督は、4：3のアスペクト比で何本も作品を撮っていますが、この選択は個人的な好みだけではありません。2016年の「アメリカン・ハニー」公開時に彼女にインタビューした際、これは時代に逆らったわけではなく、自分にとって最も重要なことを強調するための決断なのだと説明してくれました。「このアスペクト比を選択した主な理由は、［4：3が］人間を実に美しく縁取るからです。私の映画は人間を語るものなるので、人間に力が欲しい。この［アスペクト］比率はフレームの力を人に加えてくれます」

「アメリカン・ハニー」（あるいは、「ワザリング・ハイツ―嵐が丘―」（原題：Wuthering Heightsなど）などアーノルド監督による4：3の映画）を観ると、登場人物が

画面の手前（前景）に映ると、鑑賞者は、その人物および彼らが経験していることのすぐそばにいるように感じます。サッシャ・レインは本作で主役に抜擢され、大スクリーンにデビューしました。彼女が演じる行き場のない少女スターは、はみ出し者や落ちこぼれの仲間たち（シャイアラブーフ演じる気ままなジェイクもその中の1人）と旅をするうちに、生きる目的を見つけていきます。アーノルド監督のカメラは、スターの周囲ではなく、彼女自身に注目させようという撮り方です。その結果、「アメリカン・ハニー」は最も親密さを感じさせるロードムービーになりました。

「チャイナタウン」
（原題：Chinatown）
1974年
監督：ロマン・ポランスキー
（Roman Polanski）
撮影：ジョン・A・アロンゾ
（John A. Alonzo）

フェイ・ダナウェイ
（Faye Dunaway）
ジャック・ニコルソン
（Jack Nicholson）

大キャンバスで、栄華を最大にする

前に紹介した 2 作とはまったく異なるアプローチが、2.35（または 2.35：1）の
アスペクト比です。画像はずっと幅広く、横に細長くなります。ワイドスクリー
ンのアスペクト比を使った素晴らしい作品が、1974年公開の「チャイナタウ
ン」です。監督のロマン・ポランスキーと撮影監督のジョン・A・アロンゾは、
日光をヴェールのようにまとった、ロサンゼルスノワールを見せてくれます。
ひねくれ者の私立探偵ジェイク・ギテス（ジャック・ニコルソン）は、裕福な女性
（フェイ・ダナウェイ）から、夫の浮気調査を依頼されます。ほどなく彼は、はる
かに不吉な何かが進行していることに気付きます。

　「ミークス・カットオフ」と「アメリカン・ハニー」の左右を切り取ったフレー
ムで鑑賞者は、欠けているものを気にしたり、監督が注目させたいものに集
中することができました。一方「チャイナタウン」は、まるで街全体を包み込む

ような、不吉な荘厳さが演出されています。ギテスおよびそのほかの登場人
物全員が、ロサンゼルスを構成する要素の 1 つにすぎません。個人も、周囲
も同じ重要度で映し出されます。そして 2.35 のアスペクト比で、広大かつ
人間の手には負えない自然の力が働く世界と、アメリカを代表する大都市の
萌芽が示されます。面白いことに、「チャイナタウン」は一種の西部劇ととら
えることもできます。ギテスは問題を見て見ぬふりをするタイプの保安官で、
彼の周囲では拝金主義と不正行為が横行しています。

　3つの作品とも、真っ先に目に付くことはアスペクト比ではないでしょう。
しかしこれは、鑑賞者が物語をどう受け止めるかに影響する、クリエイティ
ブな選択です。フレームの形状は、その中で起きることと同じくらい重要
です。

強制遠近法

目の錯覚を利用して、大きさや広さを操る

現代は、日常のいたるところで特殊効果を目にします。CG (コンピュータで作成する画像や効果) の登場は、映画制作を根底から変えました。とはいえ、旧来のテクニックが効果的に機能する場合もあります。そのうちの1つが、強制遠近法 (強化遠近法) と呼ばれるテクニックです。目の錯覚を利用して鑑賞者をだまし、実際には存在しない物事をスクリーン上に存在するように知覚させます。

基本的な考えはこうです。実際にはカメラからの距離が違うところにオブジェクトを配置し、同じところにあると錯覚させるのです。映画のスクリーンは平面なので、鑑賞者は、2つのオブジェクトのうち一方を実際よりも大きい (または小さい) と勘違いします。人間は遠近を正確には知覚できないので (正確には、画像を立体で見てはいないため)、脳は、遠近が歪んだ状態で画像を認識します。

言葉だけではピンとこないかもしれません。独創的な監督たちが、巧みに強制遠近法を利用した実例を見ていきましょう。

ウィル・フェレル(Will Ferrell)

「エルフ ～サンタの国からやってきた～」(原題：Elf)
2003年
監督：ジョン・ファヴロー(Jon Favreau)
撮影：グレッグ・ガーディナー(Greg Gardiner)

大きい小人

「エルフ」は、ウィル・フェレル主演のコメディ作品で、彼が演じるバディは、サンタクロースや小人のエルフたちの暮らす北極にやってきた人間の赤ちゃんです。バディは自分をエルフだと思っていますが、仕事仲間は小さいままなのにバディは成長し続け、面白いできごとが展開していきます。

　ジョン・ファヴロー監督にとっての課題は、デジタル効果を使用せずに大きさを違えることでした。彼は、強制遠近法を利用しました。2013年の「ローリングストーン」誌のインタビューで、仕組みをこのように説明しています。「強制遠近法では、セットを2つ作り、片方をもう片方よりも小さくします。…（中略）…小さい方のセットは、カメラの近くの高い場所に、大きい方は遠くに置く。そして2つのセットの位置を合わせれば、小さいセットにいる人物は、大きいセットにいる人物よりもずっと大きく見えるわけです」

　つなぎ目も違和感もなく、バディは共演者よりもずっと巨大に見えます。実際には鑑賞者の知覚が操作されているわけです。

「散歩する惑星」（原題：Sånger från andra våningen）（英題：Songs from the Second Floor）
2000年
監督：ロイ・アンダーソン（Roy Andersson）
撮影：イシュトヴァン・ボルバス（István Borbás）、イェスパー・クレーヴェンオース（Jesper Klevenås）

とても遠く、とても近い

受賞歴のあるスウェーデンの監督ロイ・アンダーソンが制作したのは、暗い時代に生きる悲しい人々を皮肉を込めて演じる、デッドパン（表情無しで反応する）コメディです。ワンショット（長回し）のシーンで彼が示すメランコリックで奇妙な画に、鑑賞者は笑うべきシーンなのか、ため息をつくべきシーンなのか、どう反応してよいかがわかりません。

　監督が得意とするテクニックの1つが、鑑賞者の知覚を歪ませるセットの建築です。強制遠近法の1つで、トロンプルイユ（だまし絵）の手法を用いています。平面を立体のように見せかけているのです。「散歩する惑星」のこのシーン

を例に見てみましょう。部屋は、はるか向こうまで続いているように見えます。実際は、見た目よりもずっと近くに背景があり、そこに遠くのオブジェクトが小さく描かれているため、遠くまで続いていると信じ込んでしまうのです。

　アンダーソン監督は2014年のインタビューで、次のように語っています。「あるとき、私は実際の環境では撮影できないと気付いたんです。そこで、ハイパーリアリズムを選びました。[私のセットは]リアルに見えますが、現実を純化および凝縮しています。このやり方が素晴らしいのは、生命の大きさ、小ささ、そして必ず尽きる運命にあることをずっと明快に見せられることです」

「キング・コング」（原題：King Kong）

1933年

監督：メリアン・C・クーパー
（Merian C. Cooper）

アーネスト・B・シュードサック
（Ernest B. Schoedsack）

撮影：エディ・リンデン
（Eddie Linden）

ヴァーノン・ウォーカー
（Vernon Walker）

J・O・テイラー
（J.O. Taylor）

上へ、上へ、そして遠くへ

「キング・コング」は、特殊効果を多用して制作された最初の映画の1つです。たとえば、コングに生命を吹き込むために、ストップモーションが使われました。メリアン・C・クーパーとアーネスト・B・シュードサックの両監督は、強制遠近法も用いています。特に、ニューヨークでコングが逃げ出し、エンパイアステートビルディングの上で飛行機と戦う、感動的なフィナーレの場面がそれです。

　　作家・脚本分析家のレイ・モートン（Ray Morton）が、著書「King Kong: The History of a Movie Icon from Fay Wray to Peter Jackson（キングコング：映画のアイコンの歴史、フェイ・レイからピータージャクソンまで）」で、それを

実現した背景をこう記しています。「［あのシーンの飛行機は、］シュードサック監督が撮影した本物の飛行機と、［エフェクトアーティストの］ウィリス・H・オブライエン（Willis H O'Brien）とそのチームがアニメートしたミニチュア飛行機が組み合わさっています。飛行機は大きさを変え、小さいものは背景に配置して、実際よりも遠くを飛んでいるように見せました。強制遠近を使ったわけです」

　　世代が変わっても、「キング・コング」は特殊効果映画の金字塔であり続けています。強制遠近法の使用は、この映画のクライマックスに驚きと興奮を加えました。

斜め構図

カメラを傾けることで、緊張感を高める

実生活で目にする画像は、水平があたり前です。人間は通常、頭をそれほど傾けずに真っすぐ立つので、一定の方法で見る世界にすっかり慣れています。その結果、映画で目にするほぼすべての画は、人が周囲を認識する通常の見え方を模倣して、水平の X 軸上にバランスよく置かれています。映像がそのバランスを崩せば、鑑賞者は不安を覚え、懸命に安定を求めます。スリルを感じさせるには、最適な方法です。

このテクニックは「ダッチアングル」とも呼ばれ、カメラをわずかに回転させて撮影します。すると、通常の水平とは異なる印象の画になります。鑑賞者の脳は、「正しい」と感じられる映像に戻そうと調整を試みます。しかし監督は、その画に映っている登場人物にとって正しいと感じられるものは何もないのだと、鑑賞者に示そうとしているのです。

「第三の男」
(原題：The Third Man)
1949年
監督：キャロル・リード
(Carol Reed)
撮影：ロバート・クラスカー
(Robert Krasker)

ジョセフ・コットン
(Joseph Cotten)

フィルムノワールでのアンバランス

1949年の映画「第三の男」には、カメラを傾けることで、緊張を高めたり、方向感覚の喪失を表したシーンがあります。グレアム・グリーン(Graham Greene)の脚本に基づき、キャロル・リードが監督を務めた本作では、アメリカ人小説家ホリー(ジョセフ・コットン)を中心にストーリーが展開します。ホリーは、金になる仕事があると連絡してきた旧友のハリー(オーソン・ウェルズ／Orson Welles)に会うために、ウィーンにやってきます。しかしホリーが訪ねていくと、ハリーは死んだと知らされます。やがてホリーは、友人の死は事故によるものではないのではないかと疑いはじめます。

　この洗練されたモノクロのフィルムノワールは、戦後のヨーロッパに漂う不安や恐怖と絶望をとらえています。そこに、リードのカメラワークが重要な要素を加えました。映画には斜め構図のショットがいくつも取り入れられ、

ホリーが謎の真相を探ろうとするときに出会う陰謀の影や不安感を暗示します。小説家は誰を信じてよいのか、わかりません。ハリーが生きているという衝撃の新事実、ウィーンで探り出した悪行の裏にはハリーがいることなど、驚きの展開を経ていく間にも、ダッチアングルはいよいよ、怪しい陰謀の予感を高めます。

　リード監督とロバート・クラスカー撮影監督は、精神的にも、文字通りの意味でも、戦争で荒廃した悲惨な環境に鑑賞者を放り込みます。爆撃で破壊されたウィーンで、ホリーはいったんはくじけそうになります。しかし、友人だと思っていた人物について実は何も知らなかったというショックを乗り越え、前に進もうとします。彼の内面の世界と外側の世界は、共鳴し合います。そしてどちらも、バランスが崩れています。

「スウィーニー・トッド
フリート街の悪魔の理髪師」
（原題：Sweeney Todd: The Demon
　　　Barber of Fleet Street）

2007年

監督：ティム・バートン
　　　（Tim Burton）

撮影：ダリウス・ウォルスキー
　　　（Dariusz Wolski）

ジョニー・デップ
（Johnny Depp）

狂った世界

ティム・バートン監督は斜め構図をよく使用します。彼が映画の舞台に設定している世界を考えれば、当然でしょう。「バットマン」（原題：Batman)のコミックブックの世界、「マーズ・アタック！」（原題：Mars Attacks!)のSFの世界、「スリーピー・ホロウ」（原題：Sleepy Hollow)の妖気漂う風景など、このベテラン監督は通常の社会の規則などあてはまらない、シュールなファンタジー世界がお好みです。

　2007年の映画「スウィーニー・トッド　フリート街の悪魔の理髪師」では、ティム・バートン作品に数多く出演しているジョニー・デップが、復讐に燃える殺人者を演じています。スティーヴン・ソンドハイム(Stephen Sondheim)のミュージカルは、ダークユーモアと不気味なテーマで知られています。バートン監督には、願ってもない領域でしょう。この映画の不吉さ漂うプロダクションデザイン（アートディレクターのダンテ・フェレッティ／Dante Ferrettiとセットデコレーターのフランチェスカ・ロー・シャイボ／Francesca Lo Schiavoによる）は、アカデミー賞を受賞しました。しかし、バートン監督による撮影もまた、迫りくる恐怖を演出しています。常軌を逸したトッドと犠牲者の対峙をダッチアングルで見せることで、不安や恐怖が増幅されます。ある意味、歪んだ画面は、彼の錯乱した精神を映し出してもいます。この映画を鑑賞するとき、私たちは、彼の想像世界の住人になるのです。

「天使の涙」
（原題：堕落天使）
（英題：Fallen Angels）
1995年
監督：ウォン・カーウァイ
（Wong Kar-wai）
撮影：クリストファー・ドイル
（Christopher Doyle）

ミシェール・リー
（Michelle Reis）

揺れ動く感情を込める

ウォン・カーウァイ監督はスタイリイングの名手であり、「恋する惑星」（原題：重慶森林、英題：Chungking Express)や「花様年華」（英題：In the Mood for Love)は、鮮やかな色彩と特徴的な世界観で鑑賞者を魅了します。そこに彼が取り入れたもう1つのテクニックが、ダッチアングルです。この画像は、1995年の「天使の涙」のシーンです。やるせなさを抱える若者たちのストーリーで、登場人物たちを包み込む気だるさを鑑賞者の心にまで届けているのは、カメラワークです。

あるインタビューで、「恋する惑星」のビジュアルについてウォン監督が語ったところによると、「監視カメラ」の録画のように撮影したそうです。「監視カメラは、いつでも人々の行動を見ていますから。事実、カメラは映画の影の主役でもあります」。ウォン監督のダッチアングルによって、ストーリーテリングに親密さと即時性が加わります。この映画におけるダッチアングルは、鑑賞者の方向感覚を惑わせることはありません。登場人物たちの内側、すなわち感情に深く浸らせることに役立っています。ストーリーに登場する男女と同じくらい、鑑賞者も感情を揺さぶられます。同時に、彼らがすべてを観察されていること、そして観察しているのは鑑賞者自身であることもわかっています。映像スタイルに注目されがちな監督ですが、スタイルを取り入れるときには、監督がこだわったテーマを伝えることに役立っているかどうかが、見た目よりもずっと重要です。

クレーンショット

撮影現場の上にカメラを配置し、
壮大なドラマを語る

アクションの比較的近くにカメラを配置することは、たいていの場合、理にかなっています。その方がシーンの最も重要な要素を把握しやすい画になるからです。しかし、もう少し壮大さが欲しい場合があります。そのようなときには、クレーンショットの出番です。

「恋におちたシェイクスピア」(原題：Shakespeare in Love)の撮影現場の写真(右)に示されているように、クレーンショットとは、専用の装置にカメラを取り付け、俳優たちの頭上高く持ち上げて撮った映像です。現代の映画制作では、従来のクレーンショットをドローンで模倣することもあります。方法はともかく、クレーンショットは目を見張るような上空からの映像を可能にし、鑑賞者はスケールの壮大さを理解できます。これを行う唯一の方法が、遠くから撮ることです。

ヴィヴィアン・リー（Vivien Leigh）

「風と共に去りぬ」（原題：Gone with the Wind）
1939年
監督：ヴィクター・フレミング（Victor Fleming）
撮影：アーネスト・ホーラー（Ernest Haller）

骨肉の戦い

アメリカの人気大作映画の1つ「風と共に去りぬ」は、スカーレット・オハラ（ヴィヴィアン・リー）とレット・バトラー（クラーク・ゲイブル／Clark Gable）の実ることのない、壮大な恋の物語です。時代背景も同じく壮大で、アメリカ南北戦争が舞台です。あるシーケンスに、その戦争がどれほど残酷だったかを示す、特筆すべきシーンがあります。

おびただしい数の南部軍の負傷兵たちの間を、呆然とした様子のスカーレットが歩きます。クレーンが上昇すると、画が広くなり、鑑賞者は戦いの悲惨さを完全に理解します。スカーレットは、地面に横たわる大量の負傷兵の中に、ぽつんと小さくなっていきます。彼女の反応を見る必要はないでしょう。このショットでは、傷つき倒れた兵士たちが延々と横たわっていることが、最も重要な情報です。その瞬間の衝撃は、離れて観ることではじめて実感することができます。

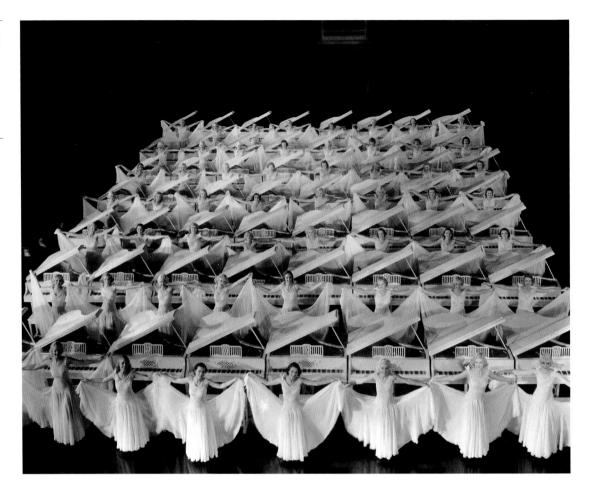

「ゴールド・ディガース36年」
（原題：Gold Diggers of 1935）
1935年
監督：バスビー・バークレイ
　　　（Busby Berkeley）
撮影：ジョージ・バーンズ
　　　（George Barnes）

壮麗さ

かつてバスビー・バークレイ監督は、ミュージカル映画への独創的なアプローチについて聞かれ、こう語りました。「観客を楽しませる唯一の方法は、カメラの"目"を通して見せることだと気付きました。…(中略)…やれることは無限にあるように感じました。当時は、そう感じたのです。そこで、これまで誰もやったことのないことを試すと、スクリーンにとてもよく映えました。アイデアが次のアイデアを、曲が次の曲を、画が次の画を生み出していきました」

　このアイデアの1つが、ダンスシーンのクレーンショットでした。ご覧の通り、「ゴールド・ディガース36年」のクレーンショットは、素晴らしく効果的です。もちろん、2人のダンスを近くから映しても、力強さや親密さは伝わります。しかしバークレイ監督の手法は、息をのむような壮麗さを感じさせる画を可能にしました。さらに見事なのが、群衆の振り付けとその一体感です。クレーンショットは、シーケンスの壮麗さをいっそう際立たせます。

「イントレランス」
（原題：Intolerance）

1916年

監督：D・W・グリフィス
（D.W. Griffith）

撮影：ビリー・ビッツァー
（Billy Bitzer）

スケール

巨大帝国の崩壊を記録した歴史ドラマを作るなら、その巨大さを見せる必要があります。サイレント時代の巨匠 D・W・グリフィス監督は、それを「イントレランス」のバビロン編で見事に成し遂げました。このシーケンスでは、古代の大都市の壮大さとあふれる活気を鑑賞者が十分に堪能できるように、クレーンショットを使用しています。

しかし、クレーンショットの効果はそれだけではありません。シーンを上から観たり、高い場所を横切ったりと、グリフィス監督のカメラワークは、鑑賞者をまるで古代にテレポートしたような気分にさせます。特別な視点から、崩壊する前の帝国の絶頂期を見るわけです。それにふさわしい壮大な画です。グリフィスが高い場所で自在に操るカメラが、歴史的な瞬間をそれらしく見せています。

三分割法

フレームを9つの領域に分割し、見た目に面白く、重要な要素を強調する

友人の写真を撮るときは、その人をフレームの中央に持ってきたくなりますね。しかし、カメラを左右どちらかに動かして、友人をフレームの片側に少し寄せると、写真には動きが出ます。被写体に真っすぐ正面から向き合って撮影した構図にはない、エネルギーをとらえられるのです。

この原則は、「三分割法」と呼ばれています。18世紀から存在しているコンセプトで、当時は絵画の構図の考え方として使われていました。しかし、媒体は違っても、考え方は同じです。フレームを9つの領域に均等に分割すると、内側に4つの交点ができます（下図）。この交点の上に重要な要素を持ってくると、最も面白いビジュアルになります。友人の写真を撮るときにその人をフレームの左右どちらかに寄せるのは、無意識に三分割法を使っているわけです。鑑賞者が意識することはありませんが、映画制作者はこの原則を常に意識しています。

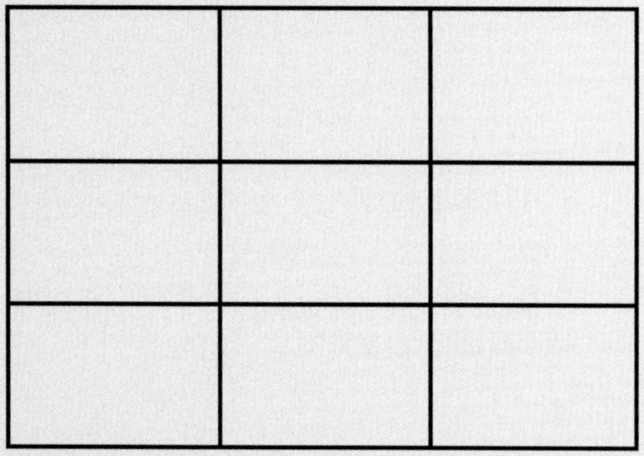

ジュリエット・ビノシュ (Juliette Binoche)

「トスカーナの贋作」
（原題：Copie Conforme）
（英題：Certified Copy）
2010年
監督：アッバス・キアロスタミ (Abbas Kiarostami)
撮影：ルカ・ビガッツィ (Luca Bigazzi)

状況を面白く見せる

イランの故アッバス・キアロスタミ監督による「トスカーナの贋作」からのこのシーンは、三分割法を明快に示す例です。ギャラリーのオーナーを演じるジュリエット・ビノシュが、電話で話しています。世界のどこにいても携帯電話で話す人を見かけますが、シネマティック（画になる）とは言えないでしょう。キアロスタミ監督はこの問題をフレーミングで解決しました。ビノシュは

スクリーン左側にやや傾き、マス目の交点２つの上にいます。右側の２点は、人気のない田舎の風景の場所にあり、彼女の孤独さを暗示しています。

　もし、彼女がフレームの中央に配置されていたらどうでしょう。ビノシェは魅力的な女優ですが、構図が単調ではどうにもなりません。キアロスタミ監督は、三分割法で、この瞬間にわずかなドラマとダイナミズムを加えました。

「恋するベーカリー」
（原題：It's Complicated）

2009年

監督：ナンシー・マイヤーズ
　　　（Nancy Meyers）

撮影：ジョン・トール
　　　（John Toll）

メリル・ストリープ
（Meryl Streep）

期待を操る

「恋するベーカリー」のショットで、三分割法の効果を考察しましょう。三分割法は、画像の最も重要な要素が何かを教えてくれます。ナンシー・マイヤーズが監督と脚本を務めたこの映画で、ジェーン（メリル・ストリープ）は2人の男性（そのうちの1人は元夫）と三角関係になるバツイチ女性です。ジェーンはフレームの右側にいて、体はちょうど三分割法の右側2つの交点にぴったり合っています。しかしフレームの中央には、彼女よりすこし背の高い、大きい植物があります。

この構図でマイヤーズ監督は、鑑賞者の目をじらしたのです。視線は自然にスクリーンの中央に引き寄せられますが、そこには退屈なオブジェクトがあるだけで、明らかに最も重要な要素などではありません。その後でジェーンに目が向きます。ジェーンの存在はサプライズ、あるいは付け足しのように感じられることでしょう。構図にちょっとした面白味を加えるスマートな方法です（フレーム全体としては、ジェーンが環境に溶け込み、周囲の状況に満足していることを示しています）。

マイヤーズ監督は三分割法を活用して、より自然かつ現実味のある画を作りました。見るべき場所を明らかにする代わりに、鑑賞者がジェーンを発見したように感じられる構図を選んだのです。

「SHAME －シェイムー」
(原題：Shame)
2011年
監督：スティーヴ・マックィーン
(Steve McQueen)
撮影：ショーン・ボビット
(Sean Bobbitt)

ニコール・ベハーリー
(Nicole Beharie)
マイケル・ファスベンダー
(Michael Fassbender)

2人の間を流れるもの

「SHAME －シェイムー」でマイケル・ファスベンダーが演じるのは、セックス依存症に苦しむブランドンです。普通の関係を経験しようと、会社の同僚のマリアンヌ（ニコール・ベハーリー）とデートします。映画のこの時点で、彼の依存はとても強く、回復しそうにないことがわかっています。鑑賞者は、このシーンに多少の緊張と不安を覚えます。果たして、このデートはうまくいくのでしょうか？

この画像は、2人の興奮と慎重さをそれとなく伝えています。監督のスティーヴ・マックィーンは、2人の俳優を三分割法の交点（フレーム内で最もダイナミックな場所）ぴったりに配置しています。2人がもしフレームの中央で一緒にいたら、ブランドンとマリアンヌがすでに親しい関係のように見えます。ところがこのシーンで2人は、三分割法の交点上にいて、間にはある程度の空間が存在します。微笑みを交わしていることから、2人の関係が良好なことはわかります。しかし、三分割法を利用したことで、まだ曖昧な関係の2人の間にドラマチックなエネルギーが流れています。マックィーン監督は、ロマンの火種をほのめかし、この後の展開への期待を高めています。

第4の壁を破る

鑑賞者と俳優の境界をなくし、
劇中に引き込む

「第4の壁を破る」という言葉を耳にしたことがある、あるいは意味を知っている読者も多いでしょう。画面上の人物が、鑑賞者に直接話しかけるようにカメラに向かって直接呼びかける、ストーリー上の演出です。どのような演出かは、すぐにおわかりでしょう。以下では、破られる「第4の壁」について簡単に説明します。

この言葉は、はじめは演劇用語でした。通常、劇場は、舞台の3方が壁に囲まれています。俳優の背後と左右です。「第4の壁」とは、鑑賞者と作品とを隔てる見えない壁のことです。演劇ではたいてい、その壁はないものとして扱われます。しかしこれは、強力ながらもろい壁でもあります。マジックミラーのようなものです。鑑賞者は透明な壁を通して演技を鑑賞し、劇中の人物は鑑賞者の存在を意識しません。

演劇ではよく第4の壁が破られますが、映画ではどうでしょう。おおざっぱに言うと、映画が「これは映画です」と認めると、第4の壁が破られます。たとえば、ミヒャエル・ハネケ(Michael Haneke)監督のスリラー「ファニーゲーム」(原題：Funny Games)では、キャラクターがリモコンを使ってストーリーを巻き戻すと、結果が変わります。この項で取り上げる3作品は、どれも主人公が鑑賞者に話しかけます。しかし、その理由はそれぞれ違います。

「フェリスはある朝突然に」
（原題：Ferris Bueller's Day Off）

1986年

監督：ジョン・ヒューズ
（John Hughes）

撮影：タク・フジモト
（Tak Fujimoto）

アラン・ラック
（Alan Ruck）

ミア・サラ
（Mia Sara）

マシュー・ブロデリック
（Matthew Broderick）

反逆者

この人気のティーンコメディでは、ガールフレンド（ミア・サラ）や親友（アラン・ラック）と学校をズル休みする、小生意気なフェリス・ビューラーをマシュー・ブロデリックが演じます。「フェリスはある朝突然に」の冒頭で、フェリスは鑑賞者に話しかけます。そして、学校をどれだけ仮病で休んだか、両親に具合が悪いと思わせるにはどうするのが一番かを説明します。

　脚本と監督を手掛けたジョン・ヒューズは、この演出によって、鑑賞者をこの反抗的なキャラクターの味方にしました。フェリスが自分の秘密を率直に話してくるので、話しかけられた側は彼と親しくなったように感じます。両親には話さない心の奥を進んで鑑賞者と共有するからです。

　そしてまた、この型どおりの戦略は、フェリスの本質を伝えることにも役立ちます。「まっとうな」映画なら、主人公は第4の壁を尊重し、鑑賞者と登場人物の間には境界が存在するものとして演じます。しかしフェリスはこのルールを無視し、学校をサボることに誇りを持ち、学校には行きません。やんちゃな主人公は、ストーリーテリングの慣例には従わないのです。フェリスがカメラを覗き込んだ瞬間に、鑑賞者は、彼は自分の思った通りに行動するタイプの人間なのだと理解します。

オドレイ・トトゥ(Audrey Tautou)

「アメリ」
(原題：Le fabuleux destin d'Amélie Poulain)
(英題：Amélie)
2001 年
監督：ジャン＝ピエール・ジュネ(Jean-Pierre Jeunet)
撮影：ブリュノ・デルボネル(Bruno Delbonnel)

友だち

オドレイ・トトゥ演じるアメリは、少し変わった主人公です。想像力を働かせて自分なりの生活を楽しむ、楽観主義の彼女は、周りの人の願望を内緒でかなえ、幸福にしようと決心します。突拍子もないキャラクターになる可能性もありましたが、トトゥとジャン＝ピエール・ジュネ監督が描き出したアメリのロマンあふれる精神は、鑑賞者の心を揺さぶり、親しみを覚えるキャラクターとして受け入れられました。

ジュネ監督が使った手法の１つが、第４の壁を破ることです。アメリは普通とは違う方法で世界を見るので、鑑賞者に直接話しかけても違和感はありません。これは、鑑賞者と友だちになろうとしている人、鑑賞者を彼女が住む世界に招き入れようとしている人だと感じさせる仕掛けです。第４の壁を破るキャラクターは、ドラマのルールを守らず、秩序を乱しているようにも見えます。しかし本作品でジュネ監督は、ストーリーテリングの慣習を無視することで、より大きな温かさと親密さをもたらしました。アメリは鑑賞者を傍観者のままにしたくなかったのです。私たちと彼女を隔てる壁を破ったのは、それが理由です。

ライアン・レイノルズ(Ryan Reynolds)

「デッドプール」(原題：Deadpool)
2016年
監督：ティム・ミラー(Tim Miller)
撮影：ケン・セング(Ken Seng)

コメンテーター

後にデッドプールとなる不遜な傭兵ウェイド・ウィルソンは、いわゆるスーパーヒーロータイプには見えません。口が悪く、自己中心的で、皮肉屋です。つまり、彼の態度は、ほかのコミックブックキャラクターとはまったく違うのです。たとえば、いつでもカメラに向かって話しかけてきます。したがうつもりもない、スーパーヒーローにありがちな慣習を皮肉をこめて語ります。

ライアン・レイノルズ演じるデッドプールは、ポップカルチャーの話題が大好きです。そして、横柄で自意識過剰気味な映画であり、「フェリスはある朝突然に」の真似をして第4の壁を破っていることまで、自ら告白します

(そのつながりをはっきり示すため、映画はジョン・ヒューズのコメディと同じく、クレジットの後にデッドプールが登場すると、鑑賞者に向かって「Go home（家に帰りなよ）」と言って終わります)。

第4の壁を破るのは、典型的な映画は古い型にはまっていることに気付かせるために監督が利用する、賢いやり方です。デッドプールのような反抗者のキャラクター(マルコンテント)は、体制をひどく嫌悪します。鑑賞者に話しかけることで、大作映画で目にするごまかしを疑問視するよう求めているのです。

ネガティブスペース

人物が占める面積の割合を小さくすると、
説得力が増す場合がある

人間の目は、シーン内で最もダイナミックな要素に自然に引き付けられます。通常はメインキャラクターですが、その周囲の領域が同じように重要な場合もあります。周囲で何も起きていなくても、です。ネガティブスペースというコンセプトはわかりづらい（または直感的ではない）かもしれませんが、キャラクターを囲むはっきりとした空白の領域で、感情を揺り動かし、訴えかける画を作ることに役立ちます。一見何もないようですが、鑑賞者には多くを語ります。

ネガティブスペースの定義を理解することからはじめましょう。ごく簡単に言うと、中心となる被写体の背景または周辺です。パスポートや運転免許証の写真ならわかりやすいでしょう。人物が写っていない、余白部分だと考えてください。友人や好きな人の写真を撮るときには、ネガティブスペースを小さくしようとするはずです。そうすれば、人物をはっきりと大きく写せます。通常は、監督もそのようにショットの構図を考えます。しかし、ここでは時代も言語も異なる映画から、3つの例外を取り上げます。それぞれがどのように、独自の方法で、はっきりと、ネガティブスペースを生かした画作りをしているかを考察しましょう。

モニカ・ヴィッティ (Monica Vitti)
ガブリエル・フェルゼッティ (Gabriele Ferzetti)

「情事」(原題：L'Avventura) (英題：The Adventure)
1960年
監督：ミケランジェロ・アントニオーニ (Michelangelo Antonioni)
撮影：アルド・スカヴァルダ (Aldo Scavarda)

孤独と断絶の影響

1本目は、1960年公開の名作、イタリア人監督ミケランジェロ・アントニオーニによる「情事」です。公開当時は、その型破りなアプローチが批判されました。しかし後になって、美しく謎めいた女性アンナ (レア・マッセリ／Lea Massari) が失踪し、その事件に翻弄された人物たちを語る傑作とされ、高く評価されるようになります。アントニオーニ監督の映画は単なるミステリー／スリラーではありません。断絶や精神的な孤独について深く考えさせられます。

「赤い砂漠」(原題：Il deserto rosso、英題：Red Desert)、「さすらいの二人」(原題：Professione: Reporter、英題：The Passenger) など、アントニオーニ監督には断絶や孤独をテーマとした作品が何本もあります。「情事」では、人物たちの存在の危うさを強調する撮影方法がとられています。アントニオーニ監督と撮影監督のアルド・スカヴァルダは、フレーム内で俳優が占める領域を小さくしました。周りの環境にすっぽり包まれているような感じにしたのです。効果は2つあります。1つ目は、通常とは異なるフレーミングに鑑賞者が戸惑い、それが人物たちの内面の苦悩と重なること。もう1つは、登場人物が小さく見えるため、ごく普通の弱い人間にすぎないという印象になることです。フレーム内の彼らには何の力もなく、自分たちを包む不安や悲しみをコントロールできません。「情事」は意図的に人物を小さくして、現代世界にあって、彼らがどれほど空しく弱々しい存在であるか、鑑賞者に常に思い起こさせます。

「ROMA/ローマ」
（原題：Roma）
2018年
監督：アルフォンソ・キュアロン
　　　（Alfonso Cuarón）
撮影：アルフォンソ・キュアロン

ヤリッツァ・アパリシオ
（Yalitza Aparicio）
マルコ・グラフ
（Marco Graf）

絡み合う人物と環境

ロケーションと登場人物たちが、同じくらい重要な映画もあります。アルフォンソ・キュアロン監督のアカデミー賞受賞作「ROMA/ローマ」は、1970年代初期にメキシコシティーで育った、監督の子ども時代の記憶をもとにした作品です。したがって、周辺環境は極めて大切な要素です。キュアロン監督は背景を鮮明に映し出し、この架空の家族と忠実なメイドのクレオ（ヤリッツァ・アパリシオ）を囲む世界全体をしっかり感じとれるようにしています。

「情事」とは対照的に、「ROMA/ローマ」では俳優とネガティブスペースのバランスが取れています。鑑賞者には、慌ただしく、活気ある、時には混沌とした街に住む登場人物たちが、周囲環境に振り回されてはいないことが伝わります。それどころか、風景に溶け込み、孤立や阻害といった感覚も感じません。キュアロン監督の頭の中では、人物たちと周囲の景観とが、切り離せないものとして記憶されています。それをそのまま映像化したわけです。

「パンチドランク・ラブ」
（原題：Punch-Drunk Love）
2002年
監督：ポール・トーマス・
　　　アンダーソン
　　　（Paul Thomas Anderson）
撮影：ロバート・エルスウィット
　　　（Robert Elswit）

エミリー・ワトソン
（Emily Watson）
アダム・サンドラー
（Adam Sandler）

平凡な場所、ある瞬間

最後に紹介する作品は「パンチドランク・ラブ」です。情緒不安定気味の男性バリー（アダム・サンドラー）と、忍耐強く控えめな恋人リナ（エミリー・ワトソン）のラブストーリーです。脚本も手掛けたポール・トーマス・アンダーソン監督は、レンズフレアや不協和音のサウンドデザインなど、珍しいテクニックをいくつか取り入れました。この風変わりなロマンチックコメディは、奇妙で、異質なものにも魅力があると示しています。バリーは情緒面の問題も抱えています。アンダーソン監督は、バリーを遠くやフレームの隅に配置し、ネガティブスペースによって彼の苦悩をドラマチックにとらえました。

　そして「パンチドランク・ラブ」の最もロマンチックな瞬間では、ネガティブスペースの別の使い方を見せてくれます。映画の終盤、バリーはハワイに行き、愛する人との再会を果たします。キスを交わす2人を中央に据えて近く

から写すのではなく、カメラを遠ざけ、シルエットで示しました。フレームの大半を占めるのは、周囲の領域です。この大切なシーンでは、ネガティブスペースがさり気なさを演出しています。鑑賞者にとっては、たまたま遭遇したできごとをそっと覗き見たような、美しい風景を見ていたら、恋人たちが抱擁している場面に居合わせたような感じです。いわゆるキスシーンとして撮るよりも、ネガティブスペースを広くとることで、ダイナミックかつ特別なシーンになりました。

　一般に、最も重要な要素は主人公です。だからと言って、彼らが常にフレームで最も広い領域を占める存在である必要はありません。ネガティブスペースを利用することで、目で見ているものを強調できないか、意味を与えることができないか、検討してみましょう。

ライティング
&カメラ

ディープフォーカス

鑑賞者に見せたい情報で
フレーム全体を埋めつくす

見せたいものに注目してもらうために、映画では、単純なテクニックを使います。シーンの最も重要な要素を鮮明に見せるのです。そうすれば、スクリーン全体のうち、見るべきものが何かを簡単に伝えられます。しかし現実には、人間の目には同じ平面（視点からの距離が等しい面）上にあるものは同じ鮮明さで見えるため、実体験とは矛盾します。

これに対してディープフォーカスで撮影すると、背景／前景の区別なく、フレームの隅から隅までが鮮明に見えます。この効果を得るには、広角レンズを使い、アクション（演技）からある程度離れた場所にカメラを設置します（焦点距離を短くし、絞りを絞る）。しかしこの方法を選んだときには、フレーム内にあるすべてのものを目的の場所に正確に配置しなくてはなりません。鑑賞者が、フレーム内のすべての情報を読み取るからです。

そのようにして撮影した映像は、シーン内の最も重要な要素が明らかではなく、画像全体を眺め回すことになります。しかしよくできたディープフォーカスの映像は、鑑賞者を戸惑わせるどころか、新しいレベルのドラマを伝え、ストーリーに浸れる作品に貢献します。

「市民ケーン」
（原題：Citizen Kane）
1941 年
撮影：グレッグ・トーランド
（Gregg Toland）
監督：オーソン・ウェルズ
（Orson Welles）

ドロシー・カミンゴア
（Dorothy Comingore）
オーソン・ウェルズ
ルース・ウォリック
（Ruth Warrick）
レイ・コリンズ
（Ray Collins）

ドラマ

オーソン・ウェルズの最高傑作とされる本作は、ディープフォーカスの見事な実例でもあります。撮影監督のグレッグ・トーランドとウェルズは、臨場感を実現するために、このテクニックを選択しました。また、彼が映画業界に転身する前に名を成した、舞台演劇の感覚も再現しています。舞台なら、鑑賞者には全体が見えています。同じく「市民ケーン」でも、フレームの周辺環境全体を人々が動いています。

それを示す例が、チャールズ・フォスター・ケーン（オーソン・ウェルズ）と歌手スーザン・アレクサンダー（ドロシー・カミンゴア）の不倫を暴く寸前のドラマチックな場面です。ケーンの政敵ジム・ゲティス（レイ・コリンズ）が、その事実をメディアとケーンの妻エミリー（ルース・ウォリック）に知らせると脅します。このフレームでは、4 人全員が、険しい表情まで鮮明に見えています。それだけでなく、背景まではっきり見えます。ディープフォーカスは、シーンに流れるエネルギーまで浮き彫りにします。ケーンが築き上げた世界が崩れ去ろうとする瞬間から、鑑賞者は目をそらすことができません。

「回転」
(原題：The Innocents)

1961年

撮影：フレディ・フランシス
　　　(Freddie Francis)

監督：ジャック・クレイトン
　　　(Jack Clayton)

デボラ・カー
(Deborah Kerr)

ホラー

ホラー映画には、物陰に潜む"何か"など、見えないものが恐怖をあおる作品があります。未知のものは、監督たちにとって、強力なツールです。しかし、監督のジャック・クレイトンと撮影監督のフレディ・フランシスは、このホラー映画にディープフォーカスを取り入れました。直観には反します。フレーム内のすべてがはっきり見えているとしたら、鑑賞者は何におびえるのでしょう？

　　ミス・ギデンズ(デボラ・カー)は、フローラ(パメラ・フランクリン／Pamela Franklin)とマイルス(マーチン・ステファンズ／Martin Stephens)の兄妹の家に

住み込みで雇われた家庭教師です。その豪邸には、幽霊が出没します。屋敷の隅から隅までを鮮明な画で見せることで、不安に駆られた鑑賞者は、フレーム内のさまざまな要素に目を向けます。恐ろしいものはどこから出てくるのだろう？　鑑賞者は不気味さとともに、その空間に閉じ込められたような感覚を覚えます。「回転」は、周囲の空気から恐怖をあおる、心理ホラーの秀作です。ディープフォーカスが使われた映画はそれほど多くないことが、この薄気味悪い映像から感じる不安をいっそうかきたてます。

ジュリアン・カレット
(Julien Carette)
ガストン・モドー
(Gaston Modot)

「ゲームの規則」

（原題：La règle du jeu）

（英題：The Rules of the Game）

1939年

撮影：ジャン・バシュレ
（Jean Bachelet）

監督：ジャン・ルノワール
（Jean Renoir）

ジュリアン・カレット
(Julien Carette)
ガストン・モドー
(Gaston Modot)

コメディ

ディープフォーカスを映画に取り入れたのは、ウェルズ監督の「市民ケーン」がはじめてではありません。フランスのジャン・ルノワール監督は、1939年の作品で、その撮影テクニックを見事に使用しました。田舎の大きい屋敷でひと時を過ごす、裕福な人たちを鋭く風刺した傑作です。監督のルノワールと撮影監督のジャン・バシュレは、背景にいて特別なことをしていない人物も、鑑賞者にしっかり見せたいと考えました。ここに集まったような道徳心のない人たちは、よく似ているものだと示そうとしたのです。それを実現するには、ディープフォーカスが必然でした。

しかし、「ゲームの規則」のディープフォーカスは、登場人物たちの類似を示す効果にとどまらず、映画から"作為"をはぎ取りました。ルノワール監督のレンズは、まるで鑑賞者自身の目のように、映画で起こる喜劇も悲劇も現実であるかのように感じさせました。これは、別荘地での軽い茶番劇などではありません。ルノワール監督は、鑑賞者が見たいか否かにかかわらず、社会を映した鏡を見せようとしたのです。監督はこう語りました。「人々は日常の些細な問題を忘れようと、映画館に足を運びます。しかし私は、彼らがかかえる不安そのものに鑑賞者を引き込んだのです」。事実、監督の願いは、身近な社会にはびこる病に目を向けてもらうことです。

キアロスクーロ

光と影で、ムードや緊張の高まりを示す

スクリーン上で最も重要なものが何かを鑑賞者に示すために、主人公を鮮明に映し、背景やほかのすべてをぼやけさせる手法は、非常によく使われます。しかし、重要な登場人物を強調する方法は、それだけではありません。キアロスクーロ(強い明暗対比)のライティングは、雰囲気のある画になるうえに、鑑賞者の目を注目すべきところに誘導します。メインキャラクターは明るく照明され、その周囲は闇に包まれます。

「キアロスクーロ」は絵画に由来する用語で、カラヴァッジオ(Caravaggio)やレンブラント(Rembrandt)といった画家たちが用いた照明法がこう呼ばれています。その後、コントラストの高いライティングは動感(ダイナミックさ)を高めるという考えが絵画以外の領域にも普及しました。現代の撮影監督は、そのテクニックを応用し、フレーム内での光と影の領域を操ります。闇は光に力を与えます。明暗のコントラストは、画に緊張をもたらします。

「ゴッドファーザー」

（原題：The Godfather）

1972年

撮影：ゴードン・ウィリス
（Gordon Willis）

監督：フランシス・フォード・コッポラ
（Francis Ford Coppola）

サルヴァトーレ・コルシット
(Salvatore Corsitto)

マーロン・ブランド
(Marlon Brando)

闇の世界

「ゴッドファーザー」は、「暗闇のプリンス(Prince of Darkness)」の異名をとる
ゴードン・ウィリスが撮影監督を務めた作品です。キアロスクーロライティ
ングの名手であることから、ウィリスは、こうあだ名されています。フランシス・
フォード・コッポラ監督の三部作なら、どの場面を切り取っても学びがあり
ます。しかし、キアロスクーロを解説するならこのシーンでしょう。

　これは、ドン・コルレオーネ(マーロン・ブランド)の執務室でのシーンです。
彼はマフィアのボスであり、その力を慎重かつ効果的に使います。彼自身は、
自分をただのビジネスマンだと言いますが、「ゴッドファーザー」の鑑賞者は、
コルレオーネの世界は残忍で歪んだアメリカンドリームなのだと何度も思い
起こさせられます。犯罪や殺人、そして悪が至る所にはびこっています。

　この画像は光と闇を見事にとらえています。コルレオーネは明るく照明
され、背景は闇です。窓からの日光が空間をわずかに明るくし、隅のウォー
ルライトもかすかな明かりを放ってはいますが、シーンの大半は黒い闇です。
その黒さは何を意味するのでしょう？ 比ゆ的には、この部屋に集う人物た
ちを覆う邪悪さです。力を維持するためには、平然と人を殺します。美しい
ショットでありながら、さまざまなことを想起させます。

「黒い罠」
(原題：Touch of Evil)
1958年
撮影：ラッセル・メティ
　　　(Russell Metty)
監督：オーソン・ウェルズ
　　　(Orson Welles)

オーソン・ウェルズ

フィルムノワールのムード

フィルムノワール作品では、キアロスクーロのライティングが多用されました。監督たちは、コントラストの高いライティングとモノクロ画像を組み合わせれば、疑惑と悪意がはびこる環境を演出できることを知っていました。ミステリーとスリラーをシネマティックに映像化するには、文句なしのテクニックです。

　「黒い罠」は、フィルムノワールの最高峰と呼べる作品でしょう。オーソン・ウェルズと撮影監督のラッセル・メティが、殺人と疑心暗鬼の世界へと鑑賞者を誘います。チャールトン・ヘストン（Charlton Heston）演じるメキシコ人捜査官は、この映画の世界で唯一の善として存在し、ウェルズ演じる傲慢な刑事クインランは、はびこる不正を体現しています。

　この画像では、クインランの顔の片側が陰になっています。伝統的な映画の撮影技法にしたがえば、撮影監督はフィルライトを少し足し、ウェルズの顔全部を見えるようにしたはずです。しかし、この暗さは、この人物および彼が住む世界のモラルが腐っていることを示しています。

「狩人の夜」
（原題：The Night of the Hunter）
1955年
撮影：スタンリー・コルテス
　　　（Stanley Cortez）
監督：チャールズ・ロートン
　　　（Charles Laughton）

シェリー・ウィンタース
（Shelley Winters）
ロバート・ミッチャム
（Robert Mitchum）

目覚めの悪夢

ロバート・ミッチャムが演じているのは、立派な伝道師のふりをして裏の顔を持つ男、ハリー・パウエルです。実際には、この男は人殺しです。映画は、刑が執行された死刑囚が残した金を探すため、彼の家族に取り入るパウエルの陰湿な企てを追います。

　「狩人の夜」はキアロスクーロのライティングを使用して、狡猾な計画と、迫る魔の手を伝えます。このシーンは、その良い例です。ミッチャムの顔は照明されていますが、首は闇に溶け、周囲の空間は光と影が混じり合い、不穏な空気が漂っています。

　まるで悪夢のような場面です。ハイコントラストのドイツ表現主義と言えば、「カリガリ博士」（原題：Das Cabinet des Dr. Caligari、英題：The Cabinet of Dr. Caligari）ですが、キアロスクーロのライティングが映画に広く取り入れられる火付け役になったのは、その手法を取り入れたチャールズ・ロートン監督とスタンリー・コルテス撮影監督による「狩人の夜」でした。この家族はまだ気付いていませんが、パウエルは聖職者などではありません。この緊迫感のあるライティングが示すように、どちらかといえば、悪魔です。

キーライトと
フィルライト

反応をしっかり見せ、影や輪郭もわかるように
俳優を照明する

俳優を照明する最も一般的なセットアップは、3点照明と呼ばれています。3点とは、キーライト、フィルライト、バックライトの3つの照明です。まずは、最初の2つに注目しましょう。呼び名のとおりメインの光源となる主光源(キーライト)と、被写体の立体感を増すために陰側に光を足す2次光源(フィルライト)です。バックライトは、俳優の背後に置く光源で、カメラの方向に向かって光を放射することで、被写体を背景からしっかり切り離す役割を果たします。

すべてのショットを3方向から照明する必要はありません。フィルライトすら無しで撮る場合もあります。適切なライティングセットアップは、状況次第です。いくつかの映画を例にとり、セットアップに応じた映像の違いを考察し、的確かつ印象的なルックをつくる方法を学びましょう。

「マッドバウンド
哀しき友情」
（原題：Mudbound）

2017年

撮影：レイチェル・モリソン
（Rachel Morrison）

監督：ディー・リース
（Dee Rees）

キャリー・マリガン
（Carey Mulligan）

伝統的なルック

「マッドバウンド　哀しき友情」の舞台となっているのは1930年代後半、ミシシッピの農園です。白人家族と黒人家族が、距離を置きながらもかかわりあっていく年月を描いたストーリーです。キャリー・マリガン演じるローラは、心を通わせることのできない相手、ヘンリー（ジェイソン・クラーク／Jason Clarke）の妻の立場に長い間耐えています。このショットからは、その苦悩がはっきりと伝わります。監督ディー・リース、撮影監督レイチェル・モリソンが目指したのは、きつい労働を低い対価で提供する者たちの生活をリアルに描くことです。必然的に、ライティングも自然主義です。

この画像では、キーライトは向かって左側からマリガンを照明しています（彼女からすると右側）。顔の明るい領域を見れば、キーライトが当たっている方向は難なくわかります。しかし、弱いフィルライトによる照明も使い、向かって右側もしっかり見えるようにしています。また、バックライトは彼女を背景から浮き立たせています。

これは、照明自体が存在を主張することのない、古典的な照明のショットです。ライティングデザインがすべて調和しているので、日光などの自然光を光源にしたショットのように見えます。撮影監督にとって最も重要な仕事の1つが、現実を完璧に模倣するライティングをセットアップすることです。

「自由への旅立ち」
（原題：Daughters of the Dust）

1991年

撮影：アーサー・ジャファ
（Arthur Jafa）

監督：ジュリー・ダッシュ
（Julie Dash）

アルセア・ラング（Althea Lang）、ジェラルディン・ダンストン（Geraldine Dunston）、シェリル・リン・ブルース（Cheryl Lynn Bruce）、
アディサ・アンダーソン（Adisa Anderson）、コーラ・リー・デイ（Cora Lee Day）、ケイシー・ムーア（Kaycee Moore）

シャープなコントラスト

「自由への旅立ち」は、まるで神話のような雰囲気の映像でつづられます。脚本兼監督のジュリー・ダッシュは、1900年代の初めに、ある家族が下した難しい選択を描きました。アメリカ東部沿岸の美しい島でひっそりと生きるべきか、それとも本土に出て社会に溶け込むべきか？ さんさんと陽光が降り注ぐこの楽園は、ダッシュ監督とアーサー・ジャファ撮影監督にとって、さまざまなライティングを試す絶好の機会になりました。

　1枚目の画は、強いキーライトのみ、フィルライトなしで被写体がどう見えるかがわかる例です。顔の片側に日光が当たり、反対側は陰になっています。それが構図を印象的にし、ダッシュ監督が撮影場所に選んだ環境の雰囲気をたっぷりと伝えています（現実世界には、顔の反対側をフィルライトでそっと照明してくれる魔法のような効果は存在しません）。

　2016年、ダッシュ監督は私にこう話してくれました。「すべて自然光で撮影しました。光のバランスを取ったり反射させたりために、[ジャファが]さまざまなレフ板を手作りしました。白い砂の手前にある黒い皮膚にあてる光を足したり引いたりするためです。極めて難しい作業でした」。「自由への旅立ち」を観ると、俳優の顔が絶妙に照明され、左側のスチル（プロモーション用に撮影された写真）のようなコントラストはありません。2枚目の画像を見てください。こちらは、映画と一致しています。レフ板を使えば、屋外の自然光の撮影でも、違和感なくフィルライトで照明できます。

「少年は残酷な弓を射る」
(原題：We Need to Talk About Kevin)
2011年
撮影：シーマス・マッガーヴェイ
(Seamus McGarvey)
監督：リン・ラムジー
(Lynne Ramsay)

ティルダ・スウィントン
(Tilda Swinton)

スパイスをきかせる

ライティングで雰囲気を作ると、登場人物の印象を特徴付けたり、その精神状態を伝えることができます。「少年は残酷な弓を射る」は、深い悲しみに暮れ、悲惨な過去に立ち向かう母親エヴァ（ティルダ・スウィントン）のストーリーです。監督のリン・ラムジーと撮影監督のシーマス・マッガーヴェイは、キーライトとフィルライトを斬新な方法で利用し、孤独と悲しみの中にいるエヴァの心理状態のスナップショットを巧みに演出しました。

このショットは、彼女がクリスマスにダイナーに来たところです。フレームの右側の窓から、赤い光がこぼれ出ています。左側には、頭上の蛍光灯からの光が当たっています。結果、2つ光源からの光を受けたエヴァの顔は、半々に分かれました。

これは、エヴァの内側で、精神の崩壊が起きていることを見事に示しています。彼女をさいなむ罪、恥、悲しみの感情。息子が犯した恐ろしい事件のせいで、彼女は近所からもつまはじきです。このショットはそうしたトラウマや苦悩を、あからさまではなく、キーライトとフィルライトの選択だけで示しました。この画期的な照明により、鑑賞者は外観だけでなく、彼女の内面の感情までしっかり汲み取ることができます。

ローライト

ドラマを失うことなく、暗い場所の映像を撮る

前の項で、非常に特殊な撮影スタイルであるキアロスクーロライティングと、標準的な3点照明からキーライトとフィルライトに注目してライティングセットアップを紹介しました。ここでは、シーンの状況または監督の好みや選択で、ローライト（少ない光量）での撮影が要求されたシーンを見ていきます。十分な光量を得るために絞りを開く必要があるとはいえ、最新のデジタルカメラは、以前の世代のカメラよりもずっと簡単にローライトでの撮影が可能です。

それでも、伝えたい情報が理解されにくいのではないか、という懸念はあります。もう少し光を増やした方が親切ではないでしょうか？ 暗さがシーンへの共感を高めた3つの例を詳しく見ていきましょう。

「ジェシー・ジェームズの暗殺」
(原題：The Assassination of Jesse James by the Coward Robert Ford)

2007 年

撮影：ロジャー・ディーキンス
(Roger Deakins)

監督：アンドリュー・ドミニク
(Andrew Dominik)

ブラッド・ピット
(Brad Pitt)

幻想世界

無法者のジェシー・ジェームズ (ブラッド・ピット) の晩年を描いたこの映画で、アンドリュー・ドミニク監督が目指したのは、現実と伝説の融合です。地に足の着いたリアルさと、現実離れした優美さを兼ね備えた、この叙事詩の鑑賞体験はまるで、魔法がかかった埃まみれの古い歴史書をめくるようです。「ジェシー・ジェームズの暗殺」の説明にしてはずいぶん凝った言い方に聞こえるでしょうが、監督 (そして撮影監督のロジャー・ディーキンス) が見せてくれるのは、幻想的な光です。特に、夜のショットでそれを見ることができます。

このシーンは、「ジェシー・ジェームズの暗殺」でローライトが功を奏した例です。鑑賞者にはジェームズの詳細までは見えず、その必要もありません。この映像から伝わるように、彼は、今なお語り継がれる伝説の人物です。浮かび上がる体のシルエットが不穏さと強靭さを伝え、迫る列車がシーンにエネルギーと緊張を加えます。鑑賞者はこれら2つの力がやがて衝突するだろうと予測します。大胆な計画を実行するには、闇を味方にすべきです。この時間帯に列車強盗を実行するのは、ジェームズにとっては必然です。これ以上の照明を必要としない、見事な画面が作りだされました。

ドナルド・グローヴァー(Donald Glover)

スタイル

ブラッドフォード・ヤングは、最も優れた若手撮影監督の１人です。SF作品「メッセージ」(原題：Arrival)から歴史ドラマ「グローリー／明日への行進」(原題：Selma)まで、すべての作品が高く評価されています。特に思い切った画作りをしているのが、「ハン・ソロ／スター・ウォーズ・ストーリー」です。彼の多くの作品がそうですが、標準的なスタジオ制作映画よりもずっと暗いのです。「暗い」とは、使う色の濃さではありません。彼が構図で使用する光の量を指しています。このうす暗いスター・ウォーズ映画を観ると、はじめは見づらさが先に立つかもしれません。しかしほどなく、彼のライティング戦略の効果がはっきり理解できます。

この作品では、ドナルド・グローヴァーが若き日のランド・カルリジアンを演じます。この画像を一目見たときには、照明が不足しているように感じます。

しかしヤングの撮影は、スター・ウォーズの伝説に何層もの味わいを加えました。そしてもちろん、最高にスタイリッシュで、フィルムノワールに特有の道徳的な危うさも漂っています。結果として「ハン・ソロ／スター・ウォーズ・ストーリー」は、ジョージ・ルーカス(George Lucas)のスペースサーガのほかのエピソードよりもはるかに、雰囲気と現実感のある作品になりました。

撮影監督のヤングは2018年に、自分がほかの撮影監督よりも暗い"ビジュアルパレット"が好きだと語っています。「私の作品が暗いことはよくわかっています。しかし、それは雰囲気、政治、社会、文化への反応です。私にとって暗さは、"技術"の問題ではありません。暗い場所から生じる、"心理"の問題なのです。これを言葉にするのに、長い時間がかかりました」と。彼の見事な画像がそれを物語っています。

「ゼロ・ダーク・サーティ」
（原題：Zero Dark Thirty）
2012年
撮影：グレイグ・フレイザー
（Greig Fraser）
監督：キャスリン・ビグロー
（Kathryn Bigelow）

リアルさ

「ゼロ・ダーク・サーティ」は、アメリカ同時多発テロ事件の後、粘り強く
ウサマ・ビンラディン (Osama bin Laden)を追った人々の姿を描いています。
キャスリン・ビグロー監督は、この何年にもわたる追跡を"事実の記録"と
して映画にしました。ハリウッドの大作映画にありがちな演出を一切やめ、むき
出しのドラマをそのまま映像に収めたのです。この映画の終わりで鑑賞者が
緊張して見守るのは、海軍特殊部隊がビンラディンの住宅を襲撃し、殺害
するシーンです。その場面においても、「ゼロ・ダーク・サーティ」は従来の
アクション映画と横並びになることを拒みます。画面の大半が、とても暗い
のです。

　上のスチルが良い例です。実は書籍に掲載するために少し明るく加工し
ています。実際の映画では、これよりもずっと暗い画です。襲撃は真夜中に

実行されたため、ビグロー監督はできるだけ現実に即した映像として撮りま
した。その結果、緊迫のアクションの一部は、暗視ゴーグルを通してもよく
見えません。登場人物にとっても、鑑賞者にとっても、同じです。

　リアルを追求したとはいえ、スタイルもあります。グレイグ・フレイザー
撮影監督はこう語ります。「印象主義者になる必要がありました。ハリウッド
流の演出が施された、海軍特殊部隊の襲撃を見ているとは感じさせたくない
のです。…(中略)…星の光の下で起きたできごとを再現したいのです。空には
星がまたたくだけで、周囲光はありません。しかし、光は確かにあります。
非常にわずかでも、星は光を放ちます」。つまり、フレーム内の隅から隅まで
しっかり理解できる画でなくてかまわないのです。ローライトのルックは、実
際の状況がどうであったかをそのまま感じさせてくれます。

ゴールデンアワー

日没（または日の出）の優美な輝きをとらえ、映画の魔法を演出する

太陽が昇るとき、沈むときの光はひときわ美しく、その光で彩られた空は、ほかのどんな時間帯とも異なります。このわずかな時間はゴールデンアワーと呼ばれ、映画制作者にとっては強力なツールです。

ゴールデンアワーの美しさは、言葉にできません。まるで夢の中の世界です。画家は、日の出や日没の風景を描くことで、作品に神々しい輝きを与えました。映画監督はその技法を取り入れ、言葉なしに感情を表現します。

「トゥ・ザ・ワンダー」
（原題：To the Wonder）
2012年
撮影：エマニュエル・ルベツキ
　　　（Emmanuel Lubezki）
監督：テレンス・マリック
　　　（Terrence Malick）

レイチェル・マクアダムス
(Rachel McAdams)

はかなさ

ゴールデンアワーの巧みな使い方で知られる監督と言えば、テレンス・マリック監督でしょう。1973年の「地獄の逃避行」（原題：Badlands）以降、脚本家兼監督のテレンス・マリックは、人間と自然界との衝突あるいは融和を掘り下げてきました。登場人物たちの感情の乱れにも、草の葉1枚にも同じ労力を注ぐ監督です。1978年製作の「天国の日々」（原題：Days of Heaven）は、主としてゴールデンアワーに撮影されました。その後の作品も、自然光を利用して映像に神秘的なトーンを加えています。

　それでは「トゥ・ザ・ワンダー」のショットを見ていきましょう。安定した幸福な関係を求めるものの、かなうことなく、空しい日々を送る人々を追った作品です。このシーンに映っているのは農場主のジェーン（レイチェル・マクアダ

ムス）で、ベン・アフレック（Ben Affleck）演じるニールのことが忘れられません。半ば諦めたような姿勢と彼女の周囲に広がる空間から、彼女が人知れず失望していることが読み取れます。加えて、光も重要です。まるで、彼女は煉獄（れんごく）にとらわれた人のようです。このショットだけでは、太陽が沈んでいくところか、昇っていくところかはわかりません。同じように、ジェーンも不安をかかえ、この瞬間にとどまっています。

　ゴールデンアワーの陽光は華やかであると同時に、消えゆく太陽、新たな1日の脆さを暗示する、物悲しい光でもあります。「トゥ・ザ・ワンダー」は、シンプルなライティングの選択により、鑑賞者の感情をさまざまに刺激します。

「ビフォア・サンセット」
（原題：Before Sunset）
2004年
撮影：リー・ダニエル
　　　（Lee Daniel）
監督：リチャード・
　　　リンクレイター
　　　（Richard Linklater）

イーサン・ホーク
（Ethan Hawke）
ジュリー・デルピー
（Julie Delpy）

過ぎゆく時

「恋人までの距離（ディスタンス）」（原題：Before Sunrise）の続編にあたる「ビフォア・サンセット」では、前作で一夜限りの関係だったジェシー（イーサン・ホーク）とセリーヌ（ジュリー・デルピー）がパリで再会し、近況を語り合います。しかし太陽が沈み始め、ジェシーが乗る飛行機の出発時間が近づくと、2人は思い出に浸っていられる時間は残り少ないと気付きます。愛の炎をもう一度燃やすか、消すかを決めなくてはなりません。

リチャード・リンクレイター監督は、ストーリー展開の時間枠を利用して、ゴールデンアワーの撮影を組み込んでいます。そうすることで、ロマンスも、真実の愛のはかなさも増幅されます。ジェシーもセリーヌも、一緒にいると時間があっという間に過ぎることを悟ります。2人を包む甘美な光が、その事実を痛いほど感じさせます。

哀愁が漂うこのショットは、再会の時間の短さを際立たせています。まもなく日の光は消えてしまいます。彼らにめぐってきた二度目のチャンスも終わりなのでしょうか？

「戦火の馬」(原題：War Horse)
2011年
撮影：ヤヌス・カミンスキー
　　　(Janusz Kamiński)
監督：スティーヴン・スピルバーグ
　　　(Steven Spielberg)

過去を呼び起こす

スティーヴン・スピルバーグ監督作品「戦火の馬」は、第一次世界大戦の影がのしかかる、20世紀初頭を舞台にした歴史ドラマです。古い映画を想起させることを意図したこの作品は、ゴールデンアワーの光を利用して、鑑賞者の目前に過去を復元します。

　スピルバーグ監督とヤヌス・カミンスキー撮影監督が、その効果をどのようにして得たか、このショットで確認しましょう。最初に目を引くのは力強い太陽です。ゆっくりと空を下降していく火の玉のようで、心を揺さぶり、懐かしさも覚える光です。戦時下に起きた、すべてのできごとや悲しみを思い起こ

させます。まるで葬列を照らす光のようであり、同時に、壮大さもあります。シルエットになった兵士たちは、まるで後世のために祀られているように見えます。疲れ切った男たちは馬にまたがり、血にまみれた戦場から戦場へと移動するために、とぼとぼと遠方を横切っていきます。

　「戦火の馬」のこのシーンは感動的です。ショットの力強さの大部分は、この時間に撮影したことでもたらされました。ゴールデンアワーの光は、驚くほど感情を揺さぶります。

スローモーション

アクションを遅くし、感情を高ぶらせる

映画はたいてい、24フレーム／秒のフレームレートで撮影されています。これは、人間の目が情報を取り込む処理速度に合わせて設定された標準です。撮影の際にフレームレートを増やしておき、それを24フレーム／秒で再生すると、面白いことが起こります。動きがゆっくりに見えるのです。映画の草創期は、1秒あたりのフレーム数を増やして撮影しようとすれば、カメラオマンはオーバークランク（早回し：撮影時にカメラのフィルムを早く回転させること）する必要がありました。現代の技術では、ボタン1つでフレームレート（1秒あたりのフレーム数）を切り替えられます。

しかし当時も現在も変わらず、映画制作者は、同じ質問に答える必要があります。「スローモーションを使用する理由は、何でしょう？」明らかな利点があり、よく使用されている映像表現技法の1つではありますが、使いすぎないことが大切です。慎重かつ適切に使えば、スローモーションはストーリーを語るうえで、素晴らしい武器になります。

「レザボア・ドッグス」
（原題：Reservoir Dogs）

1992年

撮影：アンジェイ・セクラ
　　　（Andrzej Sekuła）

監督：クエンティン・タランティーノ
　　　（Quentin Tarantino）

マイケル・マドセン
（Michael Madsen）

クエンティン・タランティーノ

ハーヴェイ・カイテル
（Harvey Keitel）

クリス・ペン
（Chris Penn）

ローレンス・ティアニー
（Lawrence Tierney）

ティム・ロス
（Tim Roth）

スティーヴ・ブシェミ
（Steve Buscemi）

エディ・バンカー
（Eddie Bunker）

クールさをにじませる

このショットは、クエンティン・タランティーノ脚本・監督による、1992年製作のスリラーからのシーンです。彼らは、強盗計画のために招集されました。ミスター・ピンク、ミスター・ブラウンといったニックネームで呼ばれ、制服のようにスーツとネクタイを身に着けたこの泥棒たちから、個性を見て取ることはできません。映画を象徴するキャラクターたちのクールさを強調するため、タランティーノ監督は冒頭のクレジットの間、彼らをスローモーションで歩かせます。

「レザボア・ドッグス」には、名作映画のパロディやオマージュが散りばめられています。しかし冒頭のスローモーションは、この映画の中でも特に話題に上ったシーンです。タランティーノの手によって、軽口をたたくチンピラたちが、ずっと魅力的な人物に昇格しています。スローモーションは重々しさや威厳を演出し、まるですべての動きに意味があるように見えます。

直前には、ウェイトレスにチップを払うべきかどうかなど、些細なことで大いにもめていた彼らです。しかしこのシーケンスでは、シネマティック（映画らしい表現）の重要な要素として登場しました。

NOTE：「レザボア・ドッグス」は1990年代を代表する映画となり、自分のクールさをひけらかそうとするキャラクターをスローモーションで見せる手法は、たくさんの映画に取り入れられました。中でも印象的なのは「スウィンガーズ」（原題：Swingers）で、性欲旺盛かつ未熟な若者たちが「レザボア・ドッグス」の話をしてから街へ繰り出していきます。ダグ・リーマン（Doug Liman）監督は、タランティーノ監督のスローモーションショットを意図的に再現し、タランティーノ映画の登場人物たちと比べれば、この映画の若者たちはずっと危険度が低いことを示します。

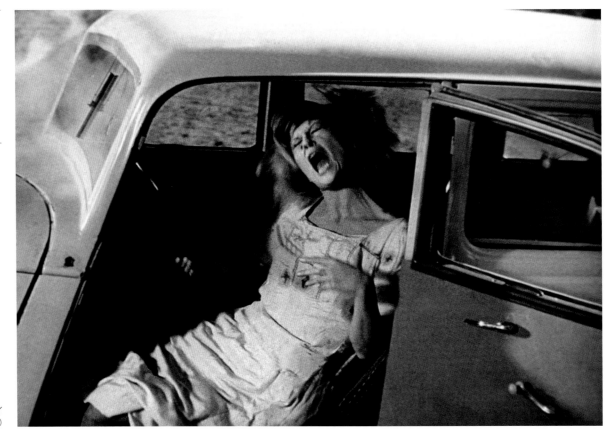

「ボニーとクライド／
俺たちに明日はない」
（原題：Bonnie and Clyde）
1967年
撮影：バーネット・ガフィ
（Burnett Guffey）
監督：アーサー・ペン
（Arthur Penn）

フェイ・ダナウェイ
（Faye Dunaway）

惨劇を記念する

「ボニーとクライド／俺たちに明日はない」は、ハリウッドにおける映画製作の
ルールを書き換えた画期的な作品です。リスクをいとわず若者文化を取り
上げ、新しい映画の時代の到来を告げました。アーサー・ペン監督も、当時
の慣習を破り、率直な態度でバイオレンスに向き合います。ボニー・パーカー
（フェイ・ダナウェイ）とクライド・バロウ（ウォーレン・ベイティ／Warren Beatty）が
大量の弾丸を浴びる衝撃的な死で、このクライム作品は締めくくられます。
鑑賞者は、主人公たちの残酷で容赦ない死にざまをただ観るだけでなく、
スローモーションで見せつけられます。

　この悪名高いシーンは、スローモーションの力を示しています。1つには、
スローモーションによって、体が小刻みに動くたびに苦しみもだえている
ように見えます。鑑賞者が本能的なレベルで痛みを感じるのは、ペン監督が
射殺の場面を長く引き延ばしているからです。さらに、スローモーションがこ
のドラマチックな瞬間を強調します。ボニーとクライドの死の瞬間をリアルタ
イムで見せたら、この瞬間はあっという間だったでしょう。スローモーション
にしたことで、血なまぐさい終焉が、重大な悲劇のように感じられます。ペン
監督は彼らの命の最後の数秒を記念し、鑑賞者は、その死の衝撃を実感を
伴って感じとります。

キアヌ・リーヴス(Keanu Reeves)

「マトリックス」(原題：The Matrix)
1999年
撮影： ビル・ポープ(Bill Pope)
監督： ラナ・ウォシャウスキー(Lana Wachowski)
　　　 リリー・ウォシャウスキー(Lilly Wachowski)

興奮を高める

ラナとリリーのウォシャウスキー姉妹は、1999年製作のこの傑作で鑑賞者をあっと驚かせました。その1つが、アクションシーンにスローモーションを組み込む手法でした。最も有名な革新は「バレットタイム」と呼ばれるようになった特殊効果映像で、俳優の周囲を何台ものカメラで囲んで撮影します。映画館でそのシーンを見ると、鑑賞者は、まるでその場面で時の流れが遅くなったように感じます。

　「マトリックス」は、不可能が可能になる世界を見せてくれました。そしてまた、スローモーションはストーリーを伝えるのに有効なツールだと示しました。ストーリーの核は、邪悪な意思を持つ機械と戦うことになる青年ネオ(キアヌ・リーヴス)が、自分は人類を守るために選ばれた人間だと悟ることです。このヒーローズジャーニー(英雄への旅)でネオは、目に留まらない速さで動く能力など、秘めていた力を解き放つ方法を学びます。彼の意識の目覚めを劇的に表現するために、監督はスローモーションを選択しました。ネオが銃弾を避けられるほどの身体能力を身に付けたと、鑑賞者に見せたのです。現実の知覚を変え、時間そのものを歪ませることで、ウォシャウスキー姉妹はこの驚くべき大ヒット作の興奮を高めました。

パン

固定したカメラを左右に振り、
アクションを追いかけて、すべてを収める

人がじっと立ち、頭を左右に回して周囲のできごとを見る動作を模した映像が、パンショットです。とても単純な動きです。カメラマンは三脚などの機材にカメラを固定し、右から左または左から右に回転させます。

ドラマチックなカメラワークを見慣れている現代の鑑賞者にとって、パンショットはそれほど面白いとは思えないかもしれません。しかし、パンショットは、地味な効果が魅力でもあります。パンショット自体は目立ちません。周囲をすべて把握しようと、ゆっくりとあたりを見回すようなカメラの動きです。しかしそれは、次のサプライズへの準備だったり、監督が狙ったトーンに転換する前段階なのです。

「ラスト・ショー」（原題：The Last Picture Show）
1971年
撮影：ロバート・サーティース（Robert Surtees）
監督：ピーター・ボグダノヴィッチ（Peter Bogdanovich）

世界を設定する

ピーター・ボグダノヴィッチ監督は、廃れゆく小さい町を象徴する映像で、作品のテーマを直接的に示しています。寂れたテキサスの町アナリーンのメインストリートをパンで見せるオープニングショットのサウンドトラックは、吹きすさぶ風の音です。事情を知らない者なら、住人がすべていなくなり、吹き抜ける風が空っぽの建物に埃とタンブルウィードを運んでくるのだろうと思うでしょう。

このゆっくりとしたパンで、いくつかの目的が達成されています。鑑賞者を「ラスト・ショー」の世界に迎え入れ、アナリーンを見てもらうことです。メインキャラクターたちにはこれから出会います。しかしこの映画では、設定

も同じくらい重要です。このショットは、コミュニティーを全体として考えるよう鑑賞者に促します。

さらに、このパンショットはトーンを設定します。1950年を時代背景にした本作は、取り残された人々や場所がどうなっていくかを描いた作品です。憂鬱な空気が漂っているのは当然です。カメラの動きはゆっくりで、鑑賞者には、活気のない町（映画）の只中にいることが示されます。胸躍るアクションが起こるような場所ではありません。ピーター・ボグダノヴィッチ監督のパンショットによってリズムはスローダウンし、静かで示唆に富むストーリーを鑑賞する心の準備が整います。

ジャクリーン・エイブラムス
(Jacqueline Abrahams)

「ロブスター」（原題：The Lobster）
2015年
撮影 ： ティミオス・バカタキス(Thimios Bakatakis)
監督 ： ヨルゴス・ランティモス(Yorgos Lanthimos)

人間の目を模倣する

パンショットでは、カメラは固定です。しかし、カメラ自体がその場所から動かないと決まっているわけではありません。「ロブスター」の冒頭は、パンを巧みに使い、鑑賞者を驚かせた好例です。映画の舞台となっている近未来では、すべての成人がパートナーを見つけることを要求されます。独り身でいると、動物に変えられてしまいます。「ロブスター」のメインキャラクターはまだ登場していませんが、このオープニングショットの空気によって、鑑賞者はシュールなダークコメディの世界に誘われます。

　映画が始まると、オープニングにしか登場しない女性（ジャクリーン・エイブラムス）が田舎道を淡々と運転しています。カットなしのワンショットです。彼女は道路の脇にクルマを止めると、外に出ます。クルマの外から車内に向けられていたカメラは左にパンしはじめ、草原にいる数頭のロバに向かって

歩いていく彼女を追います。次に起こることが衝撃的です。彼女が決然とした様子で、１頭のロバを正確に撃ち殺します。目的は完了。彼女はただそのまま、クルマに戻ります。

　「籠の中の乙女」（原題：Dogtooth）や「女王陛下のお気に入り」（原題：The Favourite)など、ひねりのきいた風刺で知られるヨルゴス・ランティモス監督は、パンショットの滑らかさを利用して、恐ろしいできごとを見せました。カメラは人間の視覚も模倣しています。ランティモス監督は、その人物の行動を見せるために、カメラを左に向けました。同じ状況なら、人間も同じようにするはずです。しかし、私たちはそのとき「目」にするものが何かをあらかじめ知ることはできません。

ジョアンナ・ブラッディ
(Johanna Braddy)

「パラノーマル・アクティビティ3」(原題：Paranormal Activity 3)
2011年
撮影：マグダレーナ・ゴルカ (Magdalena Górka)
監督：ヘンリー・ジュースト (Henry Joost)
　　　アリエル・シュルマン (Ariel Schulman)

恐怖を創造する

独創的なパンショットの例は、「パラノーマル・アクティビティ3」に見ることができます。カメラを斬新な場所に設置することで、この人気のファウンドフッテージ（埋もれていた実写映像を編集したという設定のフィクション）ホラーシリーズに、今までにないアイデアをもたらしました。

　前作までの設定により、防犯カメラ、ビデオカメラ、映画のメインキャラクターによって設置された録画機器による視点で映像を「見る」ことに、鑑賞者はすっかり慣れています。しかし「パラノーマル・アクティビティ3」では、ヘンリー・ジュースト監督とアリエル・シュルマン監督は、カメラを家の持ち主（クリス・スミス／Chris Smith、ローレン・ビットナー／Lauren Bittner）の首振り扇風機に固定させ、2つの部屋で起きることをすべて記録できるようにしました。今回は、恐ろしいできごとをとらえた固定カメラのショットはありません。

カメラが動き、恐ろし気な光景の手掛かりだけを示すと、ゆっくりとパンで離れていきます。次にパンで戻ってくると、鑑賞者の不安は的中しているのです。

　2011年の「Entertainment Weekly」誌でジュースト監督はこう語っています。「使ってみると、ホラー映画にぴったりのカメラテクニックでした。誰もカメラをコントロールしていないので、パンで視野が変わるたびに、「やめて！」と叫ぶしかありません。カメラがあちらを向いている間に何かが起こるとわかっているのです。…（中略）…うまく撮れば、椅子に座ったままの鑑賞者に、インタラクティブな体験を提供できるのではないかと考えました。「鑑賞者にフレームの外まで見せるようなカメラテクニックは可能か？」と考えたわけです。実際、映画のパンショットでこれより怖いものはないと思います」

ステディカム

映画撮影に重要な影響を与えた機材を
利用し、俊敏かつコントロールされた
動きをとらえる

1975年にギャレット・ブラウン(Garrett Brown)が発明したステディカムは、カメラワークの革命でした。撮影監督や監督は、空間全体を自在かつ滑らかに動ける機材を手にしたのです。手持ちカメラよりも揺れが少ないステディカムを使うと、まるでカメラが宙を漂っているような映像を撮影できます。幽霊、天空の軽やかさ、夢の中、あるいは恐怖をあおる効果を表現できます。スタディカムをカメラだと思っている人も多いのですが、実際はカメラを取り付けるマウントです。オペレーターは、カメラの揺れを気にすることなく、現場を移動しながら撮影できます。

しかしブラウンは、自らの発明をほかの撮影機材と同じく、単なる道具(ツール)だと認識しています。2016年に、オンラインコミュニティー"No Film School"で、次のように語っています。「それだけでは何もできません。優れたオペレーターがいてはじめて役立つもので、どんな映像になるかは、オペレーター次第です。それを手にした人が、素晴らしい技を使えるように補助する道具であり、人間と一体となって動き続けます。対極にあるのは、ガラスの上をすべるように滑らかな動きを可能にする、素晴らしいドリーショットでしょう」。才気あふれる監督たちは、発明されてから40年以上、このツールをさまざまな方法で活用しています。

ジャック・ニコルソン (Jack Nicholson)

「シャイニング」(原題：The Shining)
1980年
撮影：ジョン・オルコット (John Alcott)
監督：スタンリー・キューブリック (Stanley Kubrick)

戦慄

スタンリー・キューブリック監督は、ステディカムを利用し、スティーヴン・キング (Stephen King) の小説をもとに、この恐怖映画を作りました。「シャイニング」は、ブラウンによる発明で可能になった映像の最も有名な例でしょう。管理者としてオーバールックホテルに滞在するうちに正気を失う、売れない作家のジャック（ジャック・ニコルソン）のストーリーを語るため、キューブリック監督は鑑賞者の不安をあおる方法をいくつも考えました。ステディカムが可能にしたのは、カメラの動きすべてで恐怖を明らかにしていく手法です。ショットの滑らかさは、非人間的な冷たさをもたらします。ホラー映画の監督は、鑑賞者を心底震えあがらせたいと思うものです。

「ツリー・オブ・ライフ」
（原題：The Tree of Life）

2011年

撮影：エマニュエル・ルベツキ
（Emmanuel Lubezki）

監督：テレンス・マリック
（Terrence Malick）

ジェシカ・チャステイン
（Jessica Chastain）

タイ・シェリダン
（Tye Sheridan）

天空

「ツリー・オブ・ライフ」の脚本兼監督を務めたテレンス・マリックは、21世紀になると、主にステディカムで映像を撮るようになりました。その理由は、「ツリー・オブ・ライフ」を考察するだけで十分に理解できます。この物語の中心となるテキサスの一家には、厳格な父親（ブラッド・ピット／Brad Pitt）と愛情深い母親（ジェシカ・チャステイン）がいます。マリック監督は、自身の子ども時代の思い出をもとに、このストーリーを紡ぎました。映画は明らかに自伝的性質を含んでいます。しかし、この映画を独特にしている要素の1つは、カメラワークです。

「ツリー・オブ・ライフ」は、人間の存在そのものや、人間と宇宙との関係を扱っています。信仰は映画の重要な要素で、登場人物たちは（ボイスオーバーを通して）神に黙とうを捧げます。ステディカムの導入は、監督が語りたかったことを次のように強調しました。まず、宙に浮いたようなカメラによる

映像は、現実のシーンに超現実的な雰囲気を加えます。鑑賞者は、「日常とは特別な瞬間の集合である」ことに気付かされます。次に、ステディカムによって別世界の視点が得られ、鑑賞者はまるでストーリーの展開を上から見おろしているようです。言い換えれば、神の視点です。この視点から鑑賞することで、この家族が経験する悲劇、後悔、つかの間の幸せを「天空から観ている存在がある」ことを感じます。

この撮影スタイルには、別の長所もあります。マリック監督は「ツリー・オブ・ライフ」に自然さを求めていました。ステディカムとハンドヘルドカメラを取り入れ、本番前に準備をしている俳優たちの様子も撮影していました。この即興は完成作品からも感じとることができます。上からの視点で、リハーサルなしの幻想的な瞬間を目撃しているようなショットです。

「バードマン あるいは
(無知がもたらす予期せぬ奇跡)」
(原題：Birdman or (The Unexpected
Virtue of Ignorance))

2014年

撮影：エマニュエル・ルベツキ
(Emmanuel Lubezki)

監督：アレハンドロ・ゴンサレス・
イニャリトゥ
(Alejandro González Iñárritu)

マイケル・キートン
(Michael Keaton)

手品の仕掛け

アカデミー賞に輝いた「バードマン あるいは(無知がもたらす予期せぬ奇跡)」は、再起を望む落ちぶれた映画スター、リーガン・トムソン(マイケル・キートン)の奇妙な1日を追います。その映像は、まるで長回しで撮影したかのようです。そう見えるのはデジタル処理のおかげですが、一部はステディカムの滑らかな動きによります。

　ステディカムオペレーターのクリス・ハーホフ(Chris Haarhoff)は、2014年のインタビューで次のように話しています。「すべて綿密に計画し、マップを用意しました。話しながら廊下を歩くシーンなどは、会話にかかる時間をあらかじめ計りました。扉のある場所にはすべて印を付け、重要な瞬間や地理的な要素をメモしておいて、リハーサルしました」

　ステディカムで撮影すると、やや非現実的な印象の映像になります。「バードマン」のメインキャラクターである俳優のエゴと不安はもとより、コメディやドラマは歪められ、鏡の国に迷い込んだような奇妙な感覚が加わっています。リーガンが家族と仕事のバランスと取ろうとしているときに、カメラも彼と一緒に空間を滑らかに動いていきます。その綱渡りのような動きは、混乱の只中に衝突するのではないかと、不安をかきたてます。ステディカムは、「バードマン」の緊張を維持すると同時に、この映画を撮影したスタッフの見事な腕も示しています。

手持ち（ハンドヘルド）

カメラの脚を取り外し、
不安定な現実を受け入れる

私たちは、滑らかなショットで構成された映画を観ることに慣れています。たとえカメラが動くとしても、揺れはなく、滑らかな動きです。しかし、感情的な反応を引き出すことを目的として、監督たちは時に、不安定なカメラワークを取り入れます。

手持ちカメラのショットがすべて、大きく揺れ動くわけではありません。ドキュメンタリー作家の多くは、予測不能な環境を動画として記録する際には、カメラを三脚（またはスティック）から取り外します。事実、ノンフィクション映画の手法であるシネマヴェリテの流派は、被写体の世界を最もリアルに描写するには、撮影者自身が被写体に同化すべきだとしています。そうなれば、一番の選択は、手持ちカメラでしょう。フィクションのストーリーテラーも、ドキュメンタリー映画制作者のテクニックを借用し、映像に地に足の着いた現実感を与えています。そうした映像を見慣れた結果、現代の映画ファンは、手持ちカメラの不規則な動きと日常生活の不安定さを結び付けるようになりました。

カメラワークは場当たり的に見えますが、監督が手持ちカメラを選択するのは偶然ではありません。

「夫たち、妻たち」
（原題：Husbands and Wives）
1992年
撮影：カルロ・ディ・パルマ
（Carlo Di Palma）
監督：ウディ・アレン
（Woody Allen）

リーアム・ニーソン
（Liam Neeson）
ミア・ファロー
（Mia Farrow）

自然さ

危機にある2組の夫婦を描く物語の撮影準備で、ウディ・アレン監督は、彼の作品の特徴とされている、ゆったりと洗練されたカメラワークをやめる決断をしました。彼はかつて次のように語っています。「多くの時間が無駄に費やされていること、映像の美しさ、繊細さ、正確さに気を取られすぎていることが気にかかっていました。だから自分に言ったんです。そろそろ、内容だけが重要な映画を作りはじめる時期じゃないかって。カメラを持ち、ドリーのことは忘れて、手持ちだけで写せるものを写そうと」

結果は、アレン監督作品のなかでも、最も生々しい映画になりました。脚本兼監督のアレンは、愛がこじれてきたときにわき起こる怒りや幻滅を

引き出しました。また、手持ちカメラによる映像は、演技のライブ感を高めます。鑑賞者は、登場人物たちの秘密の瞬間、不安定な瞬間を盗み聞きしているような気分になります。別れや戯れの恋、終わりや始まりが自然な演技によって紡ぎだされていきますが、これはおそらく、撮影環境全体の緊張がほどけていたことの副産物でしょう。

もちろん、手持ちカメラを使用したからといって自動的によりよい、熱のこもった演技になるとは限りません。しかし、「夫たち、妻たち」は、題材によっては、登場人物たちの間に流れるエネルギーまでとらえられる、手持ちカメラの可能性を示す作品になりました。

「サンドラの週末」
（原題：Deux jours, une nuit）
（英題：Two Days, One Night）
2014年
撮影：アラン・マルコァン
　　　（Alain Marcoen）
監督：ジャン＝
　　　ピエール・ダルデンヌ
　　　（Jean-Pierre Dardenne）
　　　リュック・ダルデンヌ
　　　（Luc Dardenne）

マリオン・コティヤール
（Marion Cotillard）

真実味

「サンドラの週末」では受賞歴のある女優マリオン・コティヤール演じるサンドラが、苦境に置かれます。解雇を予告された彼女が職にとどまるには、同僚を説得しなければなりません。彼女が解雇された場合には支給される、ボーナスをあきらめてもらいたいと。ジャン＝ピエールとリュックのダルデンヌ兄弟が脚本・監督を務め、厳しい現実を率直に描いたこのドラマは、職にとどまりたいと頼むために、同僚の家を訪ね歩くサンドラを追います。

　手持ちカメラを多用するダルデンヌ兄弟による「サンドラの週末」は、このテクニックの効果を示す好例です。ストーリーテリングは淡々と進行し、コティヤールはありのままの飾らない演技を見せます。真実味があふれ、手持ちカメラによる抑制のきいたカメラワークが素のリアルさを際立たせます。カメラが急にガタついたり、大きく揺れたりすることはありません。人間の普段の動作と同じように、よく見ようと頭を動かしたり、位置を調整する程度に動きます。この監督のカメラワークは、ダイナミックではないものの、説得力があります。

「ブレア・ウィッチ・
プロジェクト」
（原題：The Blair Witch Project）
1999年
撮影：ニール・フレデリックス
（Neal Fredericks）
監督：ダニエル・マイリック
（Daniel Myrick）
　　　エドゥアルド・サンチェス
（Eduardo Sánchez）

ヘザー・ドナヒュー
（Heather Donahue）

畏れ

「ブレア・ウィッチ・プロジェクト」は、「ファウンドフッテージ」と呼ばれる
ホラーのサブジャンルが一般化するきっかけになった映画です。観ている
のは登場人物自身が撮影した映像で、それを編集して映画にしているのだ
という設定は、画期的な発想でした。手持ちカメラを巧みに使い、現実で
あるかのような錯覚を起こさせた「クローバーフィールド／HAKAISHA」や
「パラノーマル・アクティビティ」（原題：Paranormal Activity）などのヒット作は、
「ブレア・ウィッチ・プロジェクト」にヒントを得ています。映像を「現実」だと
して受け入れることに積極的な鑑賞者は、画面に映し出されることに恐怖を
覚えます。

ここで１つ、重要なことを指摘しておきます。ヘザーを含む学生たちが
ドキュメンタリー映画を撮ろうと地元の伝説を調査する、この1999年の大
ヒット作が鑑賞者を震えあがらせた理由は、手持ちカメラではありません。
ノンフィクション映画のルックを模倣する（そしてドキュメンタリーだと告知する）
ことで、「ブレア・ウィッチ・プロジェクト」は鑑賞者と映像の間にある「距離」
を取り払いました。鑑賞者にはこれが「単なる映画」かどうかがわからず、
むき出しの、迫りくる恐怖を感じました。

ファウンドフッテージのホラー映画を観ることに慣れてきた鑑賞者にとっ
ては、この恐怖の新鮮さも薄れています。しかし映画制作の道に進むなら、
手持ちカメラによる撮影で、作品のフィクション感を消せることは覚えておき
ましょう。何が起きてもおかしくない、現実味のある映像になります。

視点（POV）ショット

登場人物の目を通して世界を見せる

人間が身の周りを見るときは、当然、「自分の視点」で見ます。目は世界への窓であり、自分の視点は、ほかの誰のものとも違う、独自の視点です。映画では通常、カメラのレンズは鑑賞者の目であり、その視点はストーリーに登場する人物とは異なります。しかし、カメラが特定の登場人物の視点になるときもあります。そうなると鑑賞者は、彼または彼女とまったく同じ角度と高さからストーリーを見ることになります。

これは視点（POV）ショットと呼ばれ、ホラー映画でよく使われます。連続殺人犯の目から、無防備な次の犠牲者を見ているのだと気付くのは、何よりもぞっとする体験です。このようなタイプのショットは、ドラマ、アクション映画、ファウンドフッテージの大作映画など、どんな作品でも、鑑賞者にシーン内の情報を収集および理解させる新しい方法として機能します。

「潜水服は蝶の夢を見る」
(原題：Le Scaphandre et le Papillon)
(英題：The Diving Bell and the Butterfly)

2007年

撮影：ヤヌス・カミンスキー
(Janusz Kamiński)

監督：ジュリアン・シュナーベル
(Julian Schnabel)

エマニュエル・セニエ
(Emmanuelle Seigner)

キャラクターに入り込む

視点ショットは、鑑賞者に主人公の心境を理解させる効果的なツールです。同じ体験をしなくても、鑑賞者は、主人公の目を通して世界を見ることができます。「潜水服は蝶の夢を見る」は、この仕掛けを使った映像の絶好の例です。ロックトインシンドローム（閉じ込め症候群）を発症し、意思疎通の手段が瞬きだけになった作家・編集者のジャン＝ドミニク・ボビー（マチュー・アマルリック／Mathieu Amalric）による、実話に基づくストーリーです。

監督ジュリアン・シュナーベルと撮影監督ヤヌス・カミンスキーは、この映画に視点ショットを取り入れました。鑑賞者は、不自由な生活に適応することは、ボビーにとって大きい不安を伴うことなのだと実感できます。ボビーの目を通して見ることで、彼の視界がぼやけ、歪んでいることがわかります。鑑賞者は、彼の肉体的な制約を理屈抜きに感じるのです。

撮影監督のカミンスキーは、2008年に「MovieMaker」誌でこう語っています。「画像をこのように変えられるストーリーに出会う機会は、稀にしかありません。主人公には視覚障害があり、ようやく意識を取り戻したところです。彼は夢想し、過去を思い出し、想像力を駆使して切り抜けていきます。こういったことすべてが、途方もない視覚表現の可能性につながりました」

従来の方法で撮影した伝記映画よりも、本作では、ボビーを身近に感じます。鑑賞者は、妻セリーヌ（エマニュエル・セニエ）をはじめとする、彼のそばにいる人々を、情熱を込め、近くから、非常に個人的な視点で見ます。その体験を共有し、人生をもう一度はじめようともがく彼と一緒に苦しみます。

「クローバーフィールド／HAKAISHA」(原題：Cloverfield)
2008年
撮影：マイケル・ボンヴィレイン (Michael Bonvillain)
監督：マット・リーヴス (Matt Reeves)

恐怖をより近くに感じる

ファウンドフッテージのホラー映画は、本物を装うことで、恐怖に不安やリアルさをもたらします。「クローバーフィールド／HAKAISHA」もファウンドフッテージですが、斬新なのは、鑑賞者が目にするものはすべて、キャラクターの1人であるハッド (T・J・ミラー／T.J. Miller) がハンディカムで撮影していることです。送別会を記録しているはずが、あっという間に、ニューヨーク市に現れた巨大モンスターによる攻撃の記録に変わります。ハッドはその恐ろしい様子を記録し、おびえながら実況も吹き込んでいます。

言い換えれば、鑑賞者はハッドの目を通して「クローバーフィールド／HAKAISHA」を「見て」いるのです。マット・リーヴス監督は、登場人物と鑑賞者を親密な関係で結ぼうとしたわけではありません。それよりも、「むき出しの」視点からの恐怖を示しています。鑑賞者は、すべてのできごとを間近で目にします。逃げ場はありません。必死で生き延びようとする登場人物たちと同じく、どこにも行けないのです。この撮影テクニックは、従来のホラー映画で鑑賞者が感じる"安全"のための距離を取り払います。登場人物が見るものを、鑑賞者も同時に見るのです。

「ハードコア」(原題：Hardcore Henry)
2015年
撮影：フセヴォロド・カプトゥール(Vsevolod Kaptur)、
　　　ヒョードル・リャッス(Fedor Lyass)、パシャ・カピノス(Pasha Kapinos)
監督：イリヤ・ナイシュラー(Ilya Naishuller)

鑑賞者をヒーローに

ビデオゲームには、「一人称視点シューティングゲーム」と呼ばれるタイプの
ゲームがあり、ゲーム世界をすべてメインキャラクターの目線で見ます。
その手法を映画に持ち込んだのが「ハードコア」です。

　この映画では、ヘンリーという名の謎の男が、とてつもなく危険な冒険の
只中にいます。見知らぬ場所で目を覚ますと、記憶がなく、何が起きたのか、
自分は誰なのか、どうやってそこへ来たのか、人々がなぜ彼を殺そうとする
のかなど、何もわかりません。しかし「ハードコア」で最も驚かされるのは、
ヘンリーが「あなた」(鑑賞者)であることです。映画内で起こることはすべて
「ヘンリーの視点」で体験します。つまり、鑑賞者が映画の主役です。

　イリヤ・ナイシュラー監督は、「ヘンリー」を演じるカメラマンにGoProを
固定し、アクション映画に一段階上の興奮と激しさをもたらそうとしました。
確かに極端な試みです。しかし、スクリーン上の「誰か」の映画ではないと感
じさせるには、視点ショットが有効なことを示す好例です。ヘンリーになった
鑑賞者は、ストーリーの中心人物です。ほかの登場人物たちは、直接話しか
けてきます。アクションシーケンスでは自分が走り、撃ち、ジャンプし、落下
します。怪我の心配はありません。キャラクターに自分を重ね、さまざまな
体験を楽しみます。

スプリットジオプター

目を錯覚させ、緊張を演出する

スクリーン上の別々の領域に、同時にピントが合っている映像を見たことはありませんか？ 違和感を覚える画でもあり、印象的な効果で、スプリットジオプターという機器を使っています。撮影にそれほど手間もかかりません。本来のレンズの上にレンズをもう1枚加えると、同じショットを2枚のレンズでとらえることになります。それぞれのレンズで、フレーム内の別の平面に焦点を合わせるわけです。

ディープフォーカスに似ていると思うでしょうが、決定的な違いがあります。スプリットジオプターのショットは、フレーム内のすべてにピントが合うわけではありません。撮影監督のゴードン・ウィリスは、かつてこう説明しています。「レンズの焦点距離は、少し違えています。私がここに持っている、遠近両用眼鏡みたいなものです。この眼鏡なら、手元の本を読むことも、遠くを見ることもできます」

つまり、これらのショットは人間の目を模倣したものではないため、目にした鑑賞者はどこか落ち着かない気分になります。ここで考察するのは、まさにその点です。

ロバート・レッドフォード (Robert Redford)

「大統領の陰謀」(原題：All the President's Men)
1976年
撮影：ゴードン・ウィリス (Gordon Willis)
監督：アラン・J・パクラ (Alan J. Pakula)

活気

よくコンビを組むアラン・J・パクラ監督から、「大統領の陰謀」の話を持ちかけられた時点で、撮影監督のゴードン・ウィリスには難しい仕事になることがわかっていました。新聞社を舞台に、実話に基づくサスペンスドラマを撮ろうというのです。「現場のすべてを隅から隅まで映し出す、ディープフォーカスの映画になるはずでした。そのアイデアはそのままに、ジオプターを利用して、前景の人と背景の人の両方がはっきり映るように撮影した場面もあります」

ウィリスは、映画の重要なシーンを例に挙げました。ワシントン・ポスト紙の記者カール・バーンスタイン（ダスティン・ホフマン／Dustin Hoffman）とボブ・ウッドワード（ロバート・レッドフォード）が、1972年のウォーターゲートビルへの不法侵入を許可した人物を調査する過程を追うショットです。

ウッドワードは、電話で大事な会話をしています。重要な情報の提供者に、聞き取りを行っているところです。一方、背景にいる同僚たちはテレビを見ています。どちらにも焦点が合っています。

こうした理由は？「大統領の陰謀」は、ニュース編集室にはめまぐるしい動きと話し声が渦巻いていることを巧みに示しています。パクラ監督は、背景にも焦点を合わせることで、この騒がしく慌ただしい空間で、ウッドワードが孤独とはかけ離れた状態であることを鑑賞者に思い出させます。記者が聞き取っている内容自体がシーンの興奮を高めますが、周囲の様子まで見せることで、いっそうエネルギーが高いフレームになっています。

ショーン・コネリー（Sean Connery）
ケヴィン・コスナー（Kevin Costner）

「アンタッチャブル」（原題：The Untouchables）
1987年
撮影：スティーヴン・H・ブラム（Stephen H. Burum）
監督：ブライアン・デ・パルマ（Brian De Palma）

激情

ブライアン・デ・パルマ監督は、スプリットジオプターをさまざまな場面で活用しました。その技術の可能性を示す素晴らしい例が、「アンタッチャブル」です。連邦捜査官エリオット・ネス（ケヴィン・コスナー）が、巡査のジム・マローン（ショーン・コネリー）と教会で会い、ギャングのアル・カポネ（ロバート・デ・ニーロ／Robert De Niro）を摘発するにはどうすべきかを話しています。この名シーンは一般に、「シカゴ流（Chicago way）」と呼ばれています。ジミーはエリオットに、シカゴで事を運ぶ方法をこう説明します。「カポネを捕まえる方法は、こうだ。向こうがナイフを取り出したら、こっちは銃を抜く。味方が病院送りにされたら、やつらの1人をモルグ（死体安置所）送りにする。これがシカゴ流だ！（Here's how you get Capone: He pulls a knife, you pull a gun. He sends one of yours to the hospital, you send one of his to the morgue. That's the Chicago way!）」

デヴィッド・マメットによるパンチの効いた台詞がドラマを盛り上げていることはもちろんですが、デ・パルマ監督がスプリットジオプターを選んだこともー役買っています。撮影監督のスティーヴン・H・ブラムと協力しながら、デ・パルマ監督は、両者に焦点を合わせ、鑑賞者が両者の反応をしっかり理解できるようにしました。このシーンは、考えているよりも汚い手を使わなくてはならないのだとエリオットを説得する、ジミーのシーンです。自分より年下の人間を、倫理的にグレーな領域に引き込もうとしています。スプリットジオプターは、エリオットの内面と同調するように、めまいのような効果をもたらしました。エリオットはこのとき、カポネを捕えるためにどこまで実行すべきかを自分自身に問いかけています。

ウォルトン・ゴギンズ (Walton Goggins)
サミュエル・L・ジャクソン (Samuel L. Jackson)

「ヘイトフル・エイト」(原題：The Hateful Eight)
2015年
撮影：ロバート・リチャードソン (Robert Richardson)
監督：クエンティン・タランティーノ (Quentin Tarantino)

ダイナミズム

本作のように、ロッジの中を舞台に映画を撮ろうとすれば、機材やセットの準備を入念に行う必要があります。たとえば、同じ空間を単調になりすぎないように撮影するには、どうすべきでしょう。「ヘイトフル・エイト」の監督クエンティン・タランティーノと撮影監督ロバート・リチャードソンは、スプリットジオプターショットで、この視覚的な課題に対処しました。生死をかけた戦いを展開する人物たち (サミュエル・L・ジャクソン、カート・ラッセル／Kurt Russell、ジェニファー・ジェイソン・リー／Jennifer Jason Leigh) の間に、高まる緊張を表現します。

このテクニックを使うと、鑑賞者は、どの登場人物に肩入れすべきかが、わかりづらくなります。「ヘイトフル・エイト」に善玉はいません。良心の腐り具合が違うだけです。各ショットで複数の人物に焦点を合わせたタランティーノ監督は、登場する全員から目を離さないよう、鑑賞者に忠告しているのです。このようなショットは、登場人物の間の緊張が高まっているように見えます。映画の後半で血で血を洗う戦いがはじまりますが、スプリットジオプターはその混乱をいっそう強めます。哀れなろくでなしたちに、逃げ場はありません。全員が、同じ狭苦しい場所にいるほかはないのです。

スプリットスクリーン

複数のシーンまたは画像に、
同時に目を向けさせる

スプリットスクリーンは、何世代もの映画監督たちに使用されてきた技術ですが、最も有名な実践者はブライアン・デ・パルマ監督でしょう。彼は 2013 年のニューヨークタイムズ紙で、その力を次のように説明しています。「スプリットスクリーンは、一種の瞑想です。見るべきものがたくさんあるので、慎重に、ゆっくりと示します。鑑賞者はそれを頭の中で並べ、見比べます」

デ・パルマ監督が言うように、スプリットスクリーンの映像を目にすると、人間の脳は、普通に映画を観るときとは違う方法で視覚情報を処理しなくてはなりません。この仕掛けを取り入れた映画はたくさんあり、それぞれ理由も異なります。シンプルに、3 つの映画から、スプリットスクリーンを賢く利用した例を見ていきましょう。

「スコット・ピルグリム VS.
邪悪な元カレ軍団」
（原題：Scott Pilgrim vs. the World）

2010年

撮影：ビル・ポープ
（Bill Pope）

監督：エドガー・ライト
（Edgar Wright）

アナ・ケンドリック
（Anna Kendrick）

マイケル・セラ
（Michael Cera）

よくあるシーンを新しい方法で見せる

その名前が示すとおり、スプリットスクリーンとは、フレームを小さいフレームに分割し、それぞれにキャラクターやシーンを示すテクニックです。2010年の「スコット・ピルグリム VS. 邪悪な元カレ軍団」には、スプリットスクリーンがたくさん使われています。その理由の1つは、ページがコマや場面に分割されているコミックブックのルックを模倣することです。このシーンは、ステイシー（アナ・ケンドリック）と兄スコット（マイケル・セラ）が電話しているシーンですが、スプリットスクリーンの効果が非常にシンプルに示されています。

映画で電話シーンを使うのは、通常、何らかの情報を説明するためです。ある人物がもう1人に、相手が必要としている情報を伝えます。そして、通常は、話し手と相手をカットでつなぎます。しかし、エドガー・ライト監督は両者を同時にスクリーンに映しました。その結果、鑑賞者は電話のシーンを違う形で体験します。2人の反応を同時に観ることで、両者ともに能動的にシーンにかかわっている印象を受けます。交互に能動と受動を行き来する、通常の会話とは異なります。さらに、情報を明らかにする方法としても、現代的な味わいが加わったビジュアルは、ダイナミックです。

レニー・ゼルウィガー(Renée Zellweger)
ユアン・マクレガー(Ewan McGregor)

「恋は邪魔者」(原題：Down with Love)
2003 年
撮影：ジェフ・クローネンウェス(Jeff Cronenweth)
監督：ペイトン・リード(Peyton Reed)

キャラクターの間に火花が
飛び散るさまを示す

2003 年の「恋は邪魔者」は、スプリットスクリーンの効果で、男女間の緊張を高められることを示しました。この仕掛けを使えば、登場人物たちが同じ場所にいなくても、2 人をそれとなく結び付けられます。

　気の強い作家バーバラ(レニー・ゼルウィガー)と、女たらしのキャッチャー(ユアン・マクレガー)の 2 人が主人公です。鑑賞者は、この 2 人が散らす火花をゆったり座って見物します。ペイトン・リード監督は本作に、「夜を楽しく」(原題：Pillow Talk)をはじめ、古い時代のロマンチックコメディへのオマージュを込めました。当時は、親密さを暗示する方法として、スプリットスクリーンが使用されていました。直接的な映像は、当時のモラルに反するとして、上映できない可能性があったからです。「恋は邪魔者」には、そのシーンを真似た、

バーバラとキャッチャーが互いに相手の気を引こうとする電話のシーンがあります。ロック・ハドソン(Rock Hudson)とドリス・デイ(Doris Day)による「夜を楽しく」と同じように、スプリットスクリーンは、恋人未満の 2 人の間で、クッションのような役割を果たします。まるで、2 人の仲はこれ以上発展しないことを確実にするためのお目付け役が、間に挟まっているようです。

　もちろん、60 年前よりも 21 世紀の文化規範の方がずっと寛容なので、リード監督の作品は大胆に発展していきます。それでもスプリットスクリーンが、まったく別の部屋、街、大陸にいる 2 人の間の親密さを示せることは同じです。

「タイムコード」(原題：Timecode)

2000年

撮影：パトリック・アレクサンダー・
スチュワート
(Patrick Alexander Stewart)

監督：マイク・フィギス
(Mike Figgis)

サルマ・ハエック
(Salma Hayek)

ジーン・トリプルホーン
(Jeanne Tripplehorn)

ステラン・スカルスガルド
(Stellan Skarsgård)

サフロン・バロウズ
(Saffron Burrows)

アクションを広い視点で観る

最後の例は、2000年の実験的なドラマ「タイムコード」です。アカデミー賞ノミネート作品「リービング・ラスベガス」(原題：Leaving Las Vegas)の脚本と監督を手掛けた、マイク・フィギスの監督作品。4人のカメラマンが同時に撮影し、リアルタイムで進行する4つのアクションをスクリーン上で組み立てたアンサンブル作品です。映像はスクリーン上の4つのフレームに映し出され、鑑賞者は、ストーリーのどの時点でも、自分が観たいフレームに注目できます。

　フィギス監督の策略は、見た目の面白さだけではありません。「タイムコード」の後に続く作品はそれほど多くはありませんが、興味深い実験として注目され続けています。たとえば、ある人物がストーリーの中心からいなくなったとしても、その人が世界からいなくなったわけではないことを鑑賞者に気付かせてくれます。スプリットスクリーンで個々の人物を追ううちに、鑑賞者は、コアとなるストーリー展開と周辺のできごとの間に、見えないつながりを想起します。

　少なくとも、映画制作者にとっては、複数のストーリーを同時に伝える可能性を広げる挑戦です。スクリーンを分割することは、ストーリーを分割することであり、ミニストーリーを語ったり、主たるストーリーから外れた面白いこぼれ話を語るスペースを作ることです。このテクニックを取り入れたほかの監督と同様、フィギス監督は私たちにフレームを構成する方法は1つではないと教えてくれているのです。

ズーム

鑑賞者をアクションに引き寄せたり、遠ざけたりすることで、興味をそそる

ズームと呼ばれるカメラワークが独特で、ほかの撮影テクニックと違うのは、人間の目の仕組みを正確に模倣してはいないことです。人間は、カメラのようには「ズームイン」「ズームアウト」できません(ズームと呼ばれる映像は、カメラ自体はその場に固定し、オペレーターがレンズの焦点距離を操作して記録します)。

しかし、これから見ていくように、衝撃的なもの、よく見えないものをしっかり、間近で見たいという人間の「感情」は再現します。見たいものの近くに自ら足を運ぶしかない人間とは違い、カメラはレンズ自体の機能でズームインし、重要な視覚情報を提供してくれます。ズームと人間の目の機能は一致しないため、鑑賞者にとっては奇妙に感じる映像になることもあります。しかし、その奇妙さはたいてい、映画制作者の狙いです。そこでドラマがはじまるのだと、鑑賞者に気付かせているのです。

キース・キャラダイン（Keith Carradine）
マンフレッド・シュルツ（Manfred Schulz）

「ギャンブラー」（原題：McCabe & Mrs. Miller）
1971年
撮影：ヴィルモス・ジグモンド（Vilmos Zsigmond）
監督：ロバート・アルトマン（Robert Altman）

衝撃

ロバート・アルトマン監督は、ズームを頻繁に利用します。監督はかつてこう言っていました。「ズームは、俳優との関係を円滑にしてくれます。彼らに嘘はつけないし、ごまかすことなど到底できません。でも、ズームを使えば、カメラの向こうで何をしているかは、俳優たちにはわかりません。30メートル離れたところからでも、クローズアップが撮れてしまいます」

アルトマン監督は、「ショート・カッツ」（原題：Short Cuts）や「ナッシュビル」（原題：Nashville）など、名作映画のゆったりしたテンポや、リアルな雰囲気を模した作品を多く撮っています。そうした作品でのズームは、目の前で展開される自然なアクションを鑑賞しているときに、何かを盗み見たような気分にさせます。もちろん、その見かけ上の自然さは念入りに設計されています。リヴィジョーニストウエスタン（歴史修正主義西部劇）「ギャンブラー」では、アルトマン監督が存分にその腕前を発揮しました。

このシーンでは、キース・キャラダイン演じる無名のカウボーイが、危険に足を踏み入れます。冷血な殺し屋（マンフレッド・シュルツ）は、向こう側にいるカウボーイに、「銃を見せろ」と言います。言われるまま銃に手を伸ばすと、殺し屋は、それとばかりにカウボーイを打ち殺します。アルトマンと撮影監督のヴィルモス・ジグモンドは、氷だらけの水面に浮かぶカウボーイをズームで見せます。そこは先ほどまで彼が立っていた、橋の下です。このカメラワークは、そのような恐ろしい光景でも、もっと近くで見たいと思う人間の欲望を再現しています。その後も、さらに寄った画を見せられます。まるでレンズが、起きたことを信じられずに、何度も確認しているかのようです。ズームは鑑賞者の衝撃を増幅し、突然の悲劇に向き合うことを迫ります。

「スター・ウォーズ／フォースの覚醒」
（原題：Star Wars: The Force Awakens）
2015年
撮影：ダン・ミンデル(Dan Mindel)
監督：J・J・エイブラムス(J.J. Abrams)

興奮

エドガー・ライトやクエンティン・タランティーノといった監督は、ホイップズーム、スナップズーム、クラッシュズームなどと呼ばれるズームを好んで利用します。呼び方は違っても、すべて同じテクニックを指しており、その名称が表すように、急激なカメラワークです。アルトマン監督のようなゆっくりとしたズームではなく、ある視点から次の近い視点へと、まるで突進するかのように画が拡大します。ホイップズームはこれを見よと言わんばかりの激しさで、たいていはカメラが揺れます。その動き自体がエネルギーを感じさせます。必然的に、ダイナミックで派手な映像です。

J・J・エイブラムス監督は単純に、ホイップズームが大好きです。「スター・ウォーズ／フォースの覚醒」の印象的なアクションシーケンス（ミレニアム・ファルコンに乗る主人公たちと、ファースト・オーダーの飛行追跡シーン）に、

その例を見ることができます。ある箇所で、エイブラムス監督はTIEファイターに追跡されるファルコン号の外観をワイドショットで示します（上図）。レイ（デイジー・リドリー／Daisy Ridley)が操るファルコン号が、撃墜されたスター・デストロイヤーの内部に突っ込むと、カメラは素早くホイップズームします。ズーム後のショットでは、ディテールがくっきりと拡大されてスクリーンに映し出されます。

ご存じのとおり、この一連のシーケンスで使われているのは、デジタルでつくられた画です。ミレニアム・ファルコンもTIEファイターも、実物ではありません。エイブラハム監督はそこに有機的なカメラワークを取り入れ、鑑賞者の興奮を高めました。ファルコン号は非常に高速で移動するので、しっかり後を追うには、ホイップズームが必須です。

レイフ・ファインズ（Ralph Fiennes）

「クイズ・ショウ」（原題：Quiz Show）
1994年
撮影：ミヒャエル・バルハウス（Michael Ballhaus）
監督：ロバート・レッドフォード（Robert Redford）

発見

アカデミー賞ノミネート作品「クイズ・ショウ」で、ロバート・レッドフォード監督はドリーズーム（またはゾリー）と呼ばれる特殊なズームを使用しました。これは、カメラが後退すると同時にレンズがズームインする、またはカメラが前進すると同時にレンズがズームアウトするカメラワークです。この相反する動きを同時に行うのはなぜでしょう？ フレームの中央にいる被写体の大きさは変わらないまま、背景が激しく変わるからです。平凡なシーンを見ていたはずが、目の前で、非現実的な何かが起きるのです。

レッドフォード監督は、1950年代の人気クイズ番組「21（トゥエンティ・ワン）」の舞台裏で行われた不正を描いた映画の極めて重要なシーンで、ドリーズームを取り入れました。ハンサムでカリスマ性のある出場者チャールズ・ヴァン・ドーレン（レイフ・ファインズ）は、事前に答えを教えられて勝ち残り続け、視聴率に貢献していました。このシーンは、ヴァン・ドーレンがヘッドフォン越しに答えを聞く瞬間です。レッドフォード監督は不正行為を音声で聞かせるだけでなく、ドリーズームを使ったドラマチックな映像で、恥ずべき行為をはっきりと示したのです。まるで方向感覚を失ったかのような画です。ヴァン・ドーレンの八百長によって、公正であるべき「21（トゥエンティ・ワン）」のような番組がルールに背いているのと同じことです。

編集

ディゾルブ、ワイプ、フェード

シーンからシーンへの転換に使用する、独創的な方法を探る

シーントランジション（場面転換）の代表的なパターンをいくつか見ていきましょう。ディゾルブとフェードは、雰囲気のある場面転換にしたいときに好んで使われる効果です。ワイプはあまり使われません（理由は、この後で説明します）。

ディゾルブは、映像が次の映像に「溶け込んでいく」ように見える効果です。前の画が徐々に薄くなり、その結果次の画が見えるようになります。フェードは「フェードアウト」とも呼ばれます。画がだんだん暗くなり、最後は黒になります。ワイプは、クルマのフロントガラスの水、洗剤、埃をワイパーで拭き取るような感じで、先の画が「ぬぐい取られる」と同時に、次の画が現れます。

トランジションの種類に優劣はなく、シンプルに昔ながらの方法でつなぐことに何の問題もありません。シーンの間のトーンの変化や実現したいアイデアが何で、それをどう伝えるかの方が大きい問題です。それに応じた選択をしましょう。時には、シーンそのものと同じくらい、シーントランジションが重要な役割を果たすこともあります。

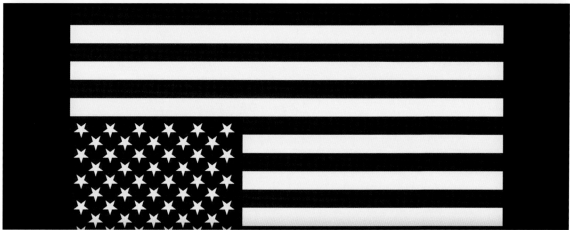

「ブラック・クランズマン」
（原題：BlacKkKlansman）

2018年

編集：バリー・アレクサンダー・
　　　ブラウン
　　　（Barry Alexander Brown）

監督：スパイク・リー
　　　（Spike Lee）

ディゾルブ

1970年代のコロラド州で、白人警官ばかりの警察署に勤務する黒人警官（ジョン・デヴィッド・ワシントン／John David Washington）が、大胆にも地元のKKK（クー・クラックス・クラン、白人至上主義団体）に潜入しました。この驚きの実話をもとにした、スパイク・リー監督のアカデミーノミネート作品が「ブラック・クランズマン」です。リー監督は、この映画をただの「史実」として語ってはいません。過去と現在を結び付け、白人至上主義や人種差別は何十年経っても同じままだと訴えようとしたのです。

　それをはっきりと示すために、この映画のラストで、衝撃的な映像が流れます。2017年にバージニア州シャーロッツビルで起きた極右集団と反対派との衝突です。このとき、ネオナチのクルマにはねられたヘザー・ヘイヤー（Heather Heyer）さんが亡くなりました。リー監督は、トランジションで鮮烈な映像を作りました。ヘイヤーさんの静止画から、現場に供えられた大量の献花へディゾルブ。次に、救難信号を意味する上下逆のアメリカ国旗にディゾルブした後、旗の色が「赤、白、青」から、死を悼む「白黒」に変わります。

　この2つのディゾルブは、リーが表現した悲劇と恐怖を増幅させました。ヘイヤーさんの死は、アメリカに根強く残る偏見の悲しい象徴です。編集によるディゾルブ効果が、愚かな行為がもたらした彼女の死と、アメリカという国が抱える問題に考えを巡らせるよう、じわりと迫ってきます。

アレック・ギネス（Alec Guinness）
マーク・ハミル（Mark Hamill）

「スター・ウォーズ」（原題：Star Wars）
1977年
編集：ポール・ハーシュ（Paul Hirsch）、リチャード・チュウ（Richard Chew）、
　　　マーシア・ルーカス（Marcia Lucas）
監督：ジョージ・ルーカス（George Lucas）

ワイプ

「スター・ウォーズ」の脚本と監督を手掛けたジョージ・ルーカスは、シーンのつなぎにワイプを大量に取り入れたいと考えました。子どものころに大好きだった、1940年代の「フラッシュ・ゴードン 宇宙征服」（原題：Flash Gordon Conquers the Universe）へのオマージュです。この作品には、ワイプが大量に使われていました。ワイプは、「スター・ウォーズ」の「おとぎ話」感を高め、壮大な宇宙叙事詩をファンタジーあふれる、昔ながらの冒険譚に仕立てています。その感覚をそのまま引き継ぐために、シークエル（続編）でもプリクエル（前日譚）でも、やはりつなぎにはワイプが使われています。愛すべきキャラクターたちや、ジョン・ウィリアムズによるお馴染みのテーマ曲に加え、ワイプによるシーントランジションも「スター・ウォーズ」の鑑賞体験を特徴付けています。

　ルーカスの「スター・ウォーズ」シリーズの代名詞とも言うべき存在になったワイプは、それ以外の作品で目にすることはめったにありません。事実、

「ローグ・ワン」（原題：Rogue One）をはじめ、「スター・ウォーズ」のスピンオフ作品にワイプは使われていません。それは、スピンオフとメインストーリーを線引きする役割も果たしています。「ローグ・ワン」のプロモーションで、プロデューサーのキャスリーン・ケネディ（Kathleen Kennedy）は次のように述べました。「「スター・ウォーズ」サーガには、トーンやスタイルをそのまま引き継ぐ責任があります。たとえば、オープニングクロールやワイプといったものです。しかし単体のスピンオフ作品ではそのルールをいくらか緩め、本編から離れて、スタイルやトーンを試すことができるわけです」

　ワイプには、シーンをダイナミックに転換させる効果があります。しかし映画でワイプを目にすると、「遠い昔 はるかかなたの銀河系で……」で始まる超大作SF映画を想起する鑑賞者は少なくないはずです。

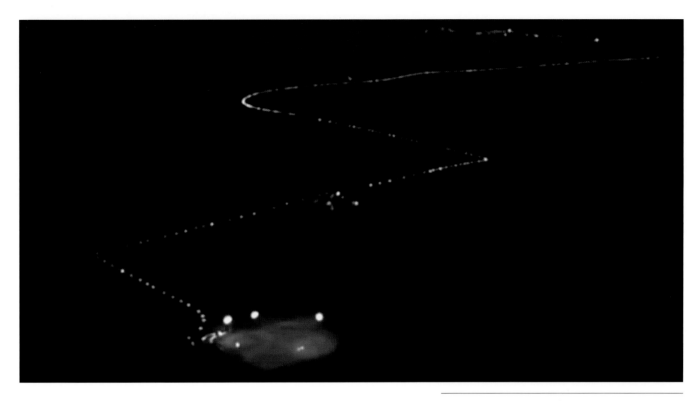

「フィールド・オブ・ドリームス」(原題：Field of Dreams)
1989年
編集：イアン・クラフォード(Ian Crafford)
監督：フィル・アルデン・ロビンソン(Phil Alden Robinson)

フェード

フェードはさまざまな目的に用いられますが、中でも多いのは「暗示」です。シーンを最後まで見せずにフェードすることで、その先に何が起きるかは鑑賞者の想像に委ねるのです(たとえば、ベッドシーンのギリギリ手前で、画面が黒にフェードするのはこれにあたります)。そのほかに、時間が経過したことを示すためにもフェードが使えます。時が進んだのだと鑑賞者が理解するために、息継ぎのような間として、フェードアウトを組み込みます。

　ここで紹介するのは、映画の最後にフェードが使われた例です。物語は、「そして、みんないつまでも幸せに暮らしましたとさ」で締めくくられるものです。フェードも実は、同じ使い方ができます。「お話は終わりだけれど、この先も万事うまくいくだろう」と、主人公たちの幸せな未来を想像してもらうのです。

　この用途にフェードアウトを使った好例が、「フィールド・オブ・ドリームス」です。最後のシーンで、ケヴィン・コスナー(Kevin Costner)演じるレイが、父親(ドワイヤー・ブラウン／Dwier Brown)とキャッチボールを楽しんでいます。魔法の野球場へと向かうクルマが、遠くから列をなしています。レイが抱えていた問題は、すべて解決しました。父親と和解し、家も売らずにすんだ。そして球場は大盛況。監督のフィル・アルデン・ロビンソンは、この感動的な物語の最後にフェードアウトを使い、静かに、心温まる雰囲気で締めくくりました。鑑賞者はホッと胸をなでおろします。すべてがうまく運ぶのだと、わかるのです。

スマッシュカット

まったく異なる画につなぎ、
対比によって鑑賞者に衝撃を与える

「スマッシュカット」という暴力的な言葉は、鑑賞体験を途切れさせる編集技法の名称です。一般的な編集は、シーンやショットをスムーズにつなぐことが目的です。スマッシュカットはその対極で、つなぎがはっきり目立ち、鑑賞者の意識を刺激します。使用する理由はさまざまですが、単純に言えば、その2つのショットが続いたことに鑑賞者が意識を向け、なぜそのショットを選び、なぜ前後に並べたかを考えるように仕向けたいときに使います。

ここでは、映画史上、最も有名なスマッシュカットを3つ紹介します。その後の数十年、研究に研究を重ね、数々のオマージュが作られてきましたが、この3つは今観ても実に衝撃的で面白いカットです。すべてのスマッシュカットがこれほど強烈である必要はないでしょうが、このような大胆な編集も選択肢にあることを覚えておきましょう。

「アラビアのロレンス」
（原題：Lawrence of Arabia）
1962年
編集：アン・Ｖ・コーツ
　　　（Anne V. Coates）
監督：デヴィッド・リーン
　　　（David Lean）

ピーター・オトゥール
（Peter O'Toole）

目のくらむ場所へ

ピーター・オトゥール演じるトーマス・エドワード・ロレンスの伝記映画。カイロ司令部勤務のこの若いイギリス人将校は、序盤でアラビアへ赴くよう命じられます。この未熟な変わり者の男にとって、これは人生の新たなスタートです。本作でアカデミー賞を受賞した監督のデヴィッド・リーンと編集のアン・Ｖ・コーツは、カイロの場面からスムーズにアラビアの場面へとつなぐのではなく、画期的な方法を選びました。1つめのショットで、ロレンスが火のついたマッチ棒を見つめています。彼が火を吹き消したその瞬間、日の出の砂漠にカットします。ロレンスが先のショットを「吹き飛ばし」、次のショットを見せてくれるわけです。

この実に巧みなスマッシュカットは、ストーリーテリングにも一役買っています。このカットの前に、外交官ドライデン（クロード・レインズ／Claude Rains）が、砂漠の厳しさをロレンスに忠告します（「並みの人間にとって、砂漠は燃え盛る炉のようなものだ」）。そして次のショットで、ロレンスが足を踏み入れようとしている灼熱の地が静かに映し出されます。鑑賞者の私たちも、ぜいたくな前任地の基地から、厳しい土地へと追いやられたような気持ちになります。リーン監督とコーツの手法は、このめまいを起こしそうな場所に鑑賞者を迎え入れます。そしてその地は、私たちのヒーローの勇気を大いに試すことになります。

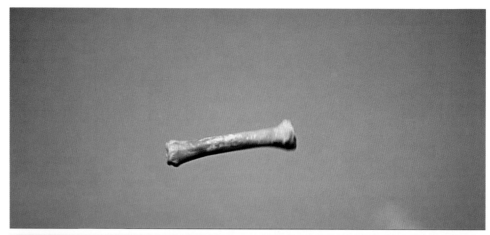

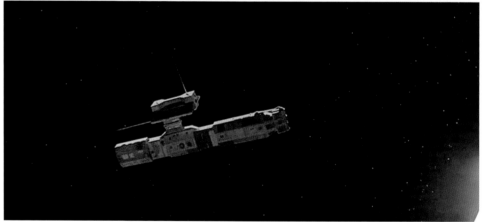

「2001年宇宙の旅」

「2001年宇宙の旅」
（原題：2001: A Space Odyssey）
1968年
編集： レイ・ラヴジョイ
　　　（Ray Lovejoy）
監督： スタンリー・キューブリック
　　　（Stanley Kubrick）

大規模な時間跳躍

「2001年宇宙の旅」でスタンリー・キューブリック監督は、初期の霊長類から超越的な進化形の新人類「スターチャイルド」に至る、人類の進化を描きました。映画の前半で、「人類の夜明け」から、人類が民間の宇宙船で簡単に月面旅行ができる未来へと、一気にタイムリープ（時間跳躍）します。この時間経過を示すため、キューブリックと編集のレイ・ラヴジョイは、サルが空中に放り投げた骨のショットから、地球を周回する宇宙船のショットにつなぎました。

　この2つのショットには、いくつかの関連があります。1つは骨と宇宙船の形の類似です。それから、どちらも宙に浮いていることです。キューブリックは、骨も宇宙船も、人間にとってそれぞれの方法で役立つツールにすぎ

ないのだと訴えているのです。骨は原始の武器でした。それから長い年月が経過すると、人類は宇宙船というハイテク機器を操ります。

　同時に、これらの2つの画、2つの場所の極端な対比は、ストーリーの進行の目的にもかなっています。つまり、とてつもない時間が経過したことをビジュアルで示したのです。「2001年宇宙の旅」のスマッシュカットは、鑑賞者に、物語が新しい時代に入ることをダイナミックに示しました。そしてまた、次のことを考えるよう促します。「時代が変わっても人類の根本は変わらない。疑い深く、競争を好み、詮索好きである。そして救いようがないほど、自分たちが生み出したテクノロジーと知識の制約に縛られている」。このスマッシュカットは一瞬ですが、この映像による知的な衝撃は、今なお色褪せていません。

ケイリー・グラント（Cary Grant）
エヴァ・マリー・セイント（Eva Marie Saint）

「北北西に進路を取れ」
（原題：North by Northwest）
1959年
編集：ジョージ・トマシーニ
（George Tomasini）
監督：アルフレッド・ヒッチコック
（Alfred Hitchcock）

秀逸な遊び

アルフレッド・ヒッチコック作品の中で、純粋な娯楽作品といえば「北北西に進路を取れ」が筆頭でしょう。無実の男、ロジャー・ソーンヒル（ケイリー・グラント）は、人違いから命がけのスパイゲームに巻き込まれます。ロジャーは途中で見知らぬ美女、イヴ・ケンドール（エヴァ・マリー・セイント）と知り合いますが、実は彼女も敵側の人間です。

「北北西に進路を取れ」の終盤で、セクシーで遊び心の利いた2つのスマッシュカットを見ることができます。1つ目は、イヴがラシュモア山の崖に必死にしがみついているときです。ロジャーが手を差し伸べてイヴを引き上げた瞬間、スマッシュカットでロジャーがイヴを寝台列車のベッドに引き上げる場面に切り替わります。場所を瞬間移動するとともに、緊迫の瞬間から、情熱的かつロマンチックなシーンに転じるわけです。助ける場面そのものは画面に映りませんが、カットの間にロジャーがイヴを助けたことは容易に想像できます。

続いて、次のスマッシュカットが待ち構えています。2人が熱いキスを交わし、情熱的に抱き合いながらベッドに倒れ込む。その瞬間、ヒッチコックと編集のジョージ・トマシーニは、疾走する列車がトンネルに吸い込まれていく屋外ショットにつなげました。これが何を意味するかわかりますか？　列車とトンネルをそれぞれ男性器と女性器に見立て、ロジャーとイヴがこの後「行為」に至ることをほのめかしているのです。スマッシュカットを使うなら、ひねりを利かせるべきだと言いたいわけではありません。中には、こんなふうに大胆かつ茶目っ気のあるスマッシュカットもあるという例です。

クロスカット

別々の場所のアクションを交互につなぎ、不安や緊張の高まりを複数の視点から見せる

1つひとつのシーケンスをサスペンスたっぷりに描くことも可能ですが、別の場所で起きている（あるいは別の時間に起きている）サスペンスたっぷりのシーケンスを組み合わせたら、どうでしょう？これがクロスカットです。別の場所を交互に見せることで、その2つの場所を、鑑賞者の頭の中でリンクさせるのです。

中には、2つがまったく異なる、変わった組み合わせをつないだクロスカットもあります。最も有名なのは、赤ん坊の洗礼式とマフィアの殺しの場面を交互につないだ、「ゴッドファーザー」（原題：The Godfather）のクロスカットでしょう。アル・パチーノ（Al Pacino）演じるマイケル・コルレオーネが、両方のイベントを仕切っているという関連を想起させます。最も重要なのは、クロスカットでシーケンスをつないだ場合に、個々のシーケンスを普通につないで見せるよりも印象的かどうかです。戦略がうまくいけば、めまぐるしく、刺激的な映像になります。

「スター・ウォーズ/
ジェダイの帰還」
（原題：Return of the Jedi）
1983 年
編集：ショーン・バートン
　　　（Sean Barton）
　　　マーシア・ルーカス
　　　（Marcia Lucas）
　　　デュウェイン・ダナム
　　　（Duwayne Dunham）
監督：リチャード・マーカンド
　　　（Richard Marquand）

デヴィッド・プラウズ
（David Prowse）
マーク・ハミル
（Mark Hamill）
ハリソン・フォード
（Harrison Ford）
キャリー・フィッシャー
（Carrie Fisher）

3つのアクションシーケンス

「スター・ウォーズ」オリジナル・トリロジーの最終章では、3つの場所で起き
ていることを交互につなげたアクションシーケンスが鑑賞者を楽しませます。
1つは、ルーク・スカイウォーカー（マーク・ハミル）とダース・ベイダー（声：ジェー
ムズ・アール・ジョーンズ／James Earl Jones）が対決するデス・スター。次に、ハン・
ソロ（ハリソン・フォード）とレイア姫（キャリー・フィッシャー）が反乱軍を率いるエン
ドア。そして最後は、デス・スターの周囲の宇宙空間で繰り広げられる大規
模な戦闘。
　監督のリチャード・マーカンドがこの3つの場面をクロスカットでつなげ
たことで、最後まで目が離せない映像になりました。どのシーケンスも危な
いなりゆきです。私たちのヒーローは、果敢にミッションに挑戦してはいま
すが、上首尾に運んでいるようには見えません。マーカンドが私たちをどこに
連れて行くにせよ、鑑賞者の気持ちは反乱軍とともにあり、帝国軍が勝利を
収めるのではないかという不安が付きまといます。どのシーケンスも単体で
十分に楽しめるのですが、1つに絡み合ったことで、総力戦であることを強く
感じるとともに、勝者しか生き延びられないこのトリロジーの壮絶さが伝わ
ります。そして正義が悪を打ち負かすごとに、鑑賞者は、3回の満足を得ら
れるわけです。
　ハリウッドを象徴するトリロジーの締めくくりに、制作者は特別な何かが
欲しいと考えました。マーカンド監督の意欲的なクロスカットは、そこにぴた
りとはまりました。

「クラウド アトラス」
（原題：Cloud Atlas）

2012年

編集：アレクサンダー・バーナー
（Alexander Berner）

監督：ラナ・ウォシャウスキー
（Lana Wachowski）

リリー・ウォシャウスキー
（Lilly Wachowski）

トム・ティクヴァ
（Tom Tykwer）

トム・ハンクス
（Tom Hanks）

絡み合う運命

「すべてはつながっている」がキャッチフレーズの「クラウド アトラス」は、6つの異なる時代に生きた人々の人間模様を描いた作品です。デイヴィッド・ミッチェル（David Mitchell）による小説が原作の本作は、「人間の運命は、我々には知り得ない何らかの形でつながっている」という考えが根底にあります。そのテーマを強調するために、ウォシャウスキー姉妹とトム・ティクヴァは、俳優たちに、複数の人物を演じてもらいました。

　中でもトム・ハンクスは、ヘンリー・グース（19世紀の医者）、ダーモット・ホギンズ（21世紀の作家）、ザックリー（24世紀の戦士）など、すべてのストーリーで主要な役どころを演じました。ほかにも、ベン・ウィショー（Ben Whishaw）、ハル・ベリー（Halle Berry）といったスターたちが、何役も演じています。この映画は、ある時代、ある人物に注目するのではなく、何世紀もの時を行き来しながら、クロスカットで「永劫回帰」を丁寧に描き出そうとしたのです。「人はみな1つの魂を持ち、互いにつながっている。そして物事は長い年月のうちに何度も繰り返される」という考え方です。

　このようなテーマのストーリーを紡ぐ唯一の方法は、クロスカットでしょう。人と人とのつながりを理解するには、「クラウド アトラス」の登場人物たちの類似に注目する必要があります。映画では数百年にわたる物語が語られますが、クロスカットはその間に横たわる膨大な年月を消し去ります。そして私たちは、まったく別の時代に生きる別々の人物たちが、どれほど似ているかに気付かされます。

「ダンケルク」(原題：Dunkirk)

2017年

編集：リー・スミス
(Lee Smith)

監督：クリストファー・ノーラン
(Christopher Nolan)

ジェームズ・ダーシー
(James D'Arcy)

ケネス・ブラナー
(Kenneth Branagh)

トム・ハーディ
(Tom Hardy)

マーク・ライランス
(Mark Rylance)

1つの戦争、それぞれの戦い

クリストファー・ノーラン監督による2017年の戦争映画は、鑑賞者を1940年に連れていきます。ドイツ軍の猛攻で追い詰められたイギリス軍および連合軍は、北フランスから撤退しようとしていました。1つひとつが息詰まるシーンを交互に見せる手法により、「ダンケルク」のできごとがドラマチックに描き出されます。1つの軸は、救出を待つ兵士たちが安全にイギリスに帰還できるように指揮する、ボルトン海軍中佐（ケネス・ブラナー）。2つ目は、敵機と激しい空中戦を繰り広げるパイロット（トム・ハーディ）。そして3つ目が、イギリス兵士を無事に故郷に帰そうと、自分のボートで危険な海へと出航する民間人のドーソン（マーク・ライランス）。

リー・スミスはこれら3つのシーケンスを見事にまとめ上げ、アカデミー最優秀編集賞を受賞しました。それぞれのストーリーは、1週間だったり、わずか1時間だったりと、時間枠が異なります。しかし、クロスカットでつなぐことで、スリルたっぷりの1つのストーリーとして紡ぎあげられています。興奮と戦慄が散りばめられた本作では、スミスの巧みな編集によって、ほかのシーケンスとつながりはないものの、1つ大義のもとに戦う人物たちが見事に描き出されました。

「ダンケルク」には、深く掘り下げた人物は登場しません。ノーランが目指したのも、そこではありません。個人ではなく、過酷な状況に立ち向かうすべての兵士の精神を称えているのです。クロスカットは、ノーランの戦略に絶大な効果を発揮しました。

ジャンプカット

シーンを途中で切り、コンティニュイティの
ルールを無視して、鑑賞者を惑わせる

現実では、時間がジャンプして、世界が突然数秒、あるいは数分進んでいることなどありません。しかし、映画の編集なら可能です。ジャンプカットは、通常は、同じシーンのつなぎに用いられ、次の画とのつなぎが目がはっきり目につきます。通常のカット（つなぎ）は、同じシーンを別アングルの画につなげて、コンティニュイティ（継続的な流れ）を保持しながら、別視点からの画に変えるものです。しかしジャンプカットでは、カメラアングルは同じままです。故意に画（時間）を飛ばすことで、鑑賞者は目の前で何が起きたのかと、感覚が混乱します。

ドラマではジャンプカットは「避けるべきもの」とされていますが、ドキュメンタリー映像ではジャンプカットをよく見かけます。ドキュメンタリーの場合には、映像が映画制作の「正しい」ルールに乗っ取っていると想定している鑑賞者はいないため、問題ありません。リアリティ番組も、ルールにしたがっているものは稀です。たとえば2人が会話するインタビュー映像は、よくジャンプカットでつながれています。ディレクターは、会話の中から特に重要な部分を選んでつなぎ合わせます。インタビューは全編同じアングルで撮影されているため、つなぎ目は、前のショットから次のショットにガクッと「ジャンプ」したように見えます。

雰囲気を高めるため、映画の定番を覆すため、あるいはそのほかの目的で、ジャンプカットがストーリーテリングに活用されている例を見ていきましょう。

ジーン・セバーグ (Jean Seberg)

「勝手にしやがれ」
(原題：À bout de souffle)
(英題：Breathless)
1960年
編集：セシル・ドキュジス
　　　(Cécile Decugis)
監督：ジャン＝リュック・ゴダール
　　　(Jean-Luc Godard)

挑発

ジャン＝リュック・ゴダール監督の革新的な映画「勝手にしやがれ」を抜きにして、ジャンプカットを語ることはできません。このヌーヴェルヴァーグの傑作は、反抗心を抱き、あてもなく日々を生きるパリの恋人たち、ミシェル(ジャン＝ポール・ベルモンド／Jean-Paul Belmondo)とパトリシア(ジーン・セバーグ)の物語です。ハンフリー・ボガート (Humphrey Bogart) に憧れるチンピラのミシェルは、警官を射殺してしまい、窮地に陥ります。ジャーナリスト志望のパトリシアは、ミシェルに愛情を感じていて、彼の子を宿しているかもしれません。しかし、ミシェルが殺人者である可能性を知らされても、さほど取り乱したりはしません。

言い換えると、この2人は、主役とはいったい何を「すべき」かという「縛り」にとらわれていないのです。メインキャラクターなのに、鑑賞者の共感を呼ぶわけでもなければ、積極性もありません。しかし、それこそがまさにゴダールの狙いです。映画のジャンルや影響力、ストーリーテリングの慣習をすべて壊そうとしたのです。さらに、彼は従来の編集ルールに縛られず、心の向くままにシーンを先に進めてつないでいます。ある俳優をあるアングルで撮り、(途中で飛ばして)同じシーンを同じアングルで撮った別の画につなぐわけです。このやり方は、鑑賞者側の映画に対する「思い込み」に注意を喚起します。私たちは、映画は当然、「プロらしい」編集がなされているものだと思っています。「勝手にしやがれ」は、編集手法を含め、鑑賞者のさまざまな「あたり前」を打ち砕きます。

「ザ・ロイヤル・
テネンバウムズ」
（原題：The Royal Tenenbaums）
2001年
編集：ディラン・ティチェナー
（Dylan Tichenor）
監督：ウェス・アンダーソン
（Wes Anderson）

ルーク・ウィルソン
（Luke Wilson）

緊迫

ウェス・アンダーソン監督による、ほろ苦いコメディ作品。家族の騒動が
シュールな笑いを誘います。ただし、作中には非常に暗く痛ましいシーンも
あります。恋心を抱いていたマーゴ（グウィネス・パルトロー／Gwyneth Paltrow）の
秘密を知り、悲しみの淵に沈むリッチー（ルーク・ウィルソン）。打ちのめされた
リッチーは、ひげをそり落とし、その後、自分の手首を切ってしまいます。

　面白おかしいコメディ映画の中のショッキングなシーン。アンダーソン
監督はジャンプカットを使い、間接的にその衝撃を示すことで、ショックを
和らげています。何が起きているかは明らかにしながら、非常に賢いやり方
で場面を進行させています。映画全体が細かい気配りのきいたショットや
脚本で構成されているのとは対照的に、このシーケンスは不安定で取り乱し
た感じを受けます。リッチーが崩れ落ちた時、鑑賞者はリッチーの頭の中を
垣間見ます。絶望的な精神状態が、見事にビジュアル化されています。

「メランコリア」(原題：Melancholia)

2011年

編集：モリー・マリーヌ・ステンスゴード
(Molly Malene Stensgaard)

監督：ラース・フォン・トリアー
(Lars von Trier)

アレキサンダー・スカルスガルド
(Alexander Skarsgård)

キルステン・ダンスト
(Kirsten Dunst)

不安

ラース・フォン・トリアーもジャンプカットをよく使う監督です。理由はいくつか考えられます。1つは、映画制作における彼の美学の一部として、粗削りさや手作り感を強調するためです(手持ちカメラによる撮影も多用します)。しかし、一見平凡なシーンでも、ジャンプカットが入ると不穏な空気が流れます。「メランコリア」の序盤、ジャスティン(キルステン・ダンスト)とマイケル(アレキサンダー・スカルスガルド)は、自分たちの結婚式を思い切り楽しんでいます。結婚式は、本来、幸せな時間のはずです。しかし、フォン・トリアー監督のジャンプカットは、鑑賞者を不安にさせます。シーンが「きちんと」つながっていないと、中途半端に感じるのです。

もちろん、度が過ぎないように、ジャンプカットを使う頻度や理由は慎重に考える必要があります。フォン・トリアー監督の映画は、ジャンプカットを直感で用いた好例です。作品を観れば、ジャンプカットが奇妙かつ強力なリズムをつくっていることがわかります。人間の闇に注目した作品が多いため、フォン・トリアー監督流にストーリーを語るにはジャンプカットが効果的です。また、社会が崩れ、混沌に陥るような作品もあります。崩壊を表現するなら、ショットを細切れにし、不安をあおるのが最も適した手法でしょう。

ノンダイエジェティックサウンド

登場人物には聞こえない音を鑑賞者にだけ聞かせる。あるいは、映画音楽の重要性

私たちの日常には、音があります。人々の話し声。通り過ぎるクルマから大音量で鳴り響く音楽。甲高い鳥の鳴き声。犬の吠え声。木々を揺らす風。こうした音はすべて、登場人物たちも聞いています。しかし映画には、それとはまったく異なる、スクリーン上の人物には聞こえない音があります。鑑賞者にだけ聞こえる音。これが、ノンダイエジェティックサウンド（物語世界の外の音）と呼ばれています。

映画音楽は、ノンダイエジェティックサウンドです。登場人物がナレーターのように話すのも、ノンダイエジェティックサウンドです。音、ノイズ、音楽など、種類は問いません。最も簡単な判別基準は、スクリーン上の世界の中で聞こえているか、そうでないかです。ここでは、ノンダイエジェティックサウンドの価値と、それが映画に与える感情的な影響について考察します。

「サイコ」(原題：Psycho)
1960年
音楽：バーナード・ハーマン
(Bernard Herrmann)
監督：アルフレッド・ヒッチコック
(Alfred Hitchcock)

アンソニー・パーキンス
(Anthony Perkins)

恐怖を感じる

「サイコ」の音楽を作ったのは、アカデミー賞受賞の作曲家、バーナード・ハーマンです。映画音楽はどれもそうですが、「サイコ」の音楽も鑑賞者に聞かせるものであって、登場人物には聞こえていません。シャワールームでマリオン・クレイン(ジャネット・リー／Janet Leigh)がノーマン・ベイツ(アンソニー・パーキンス)に襲われる惨劇シーンの効果音は、映画史において、最も知られたノンダイエジェティックサウンドでしょう。ベイツがカーテンを開け、マリオンを刺し始めると、バイオリンが甲高く「キーキーキーキー」と音を鳴らします。マリオンにもノーマンにも聞こえていません。このシーンの衝撃、暴力、戦慄を表現した、鑑賞者だけに聞こえる音です。

ハーマンは、1つの音を繰り返すことで、恐怖を鮮烈に表現しました。そして、このノンダイエジェティックサウンドは「サイコ」の代名詞になりました。どこにいても、この音を耳にすれば、マリオンが刺される場面が脳裏をよぎります。また、殺人を匂わせるときに同じような音を使う映画も作られ、このノイズは映画文化にすっかり定着しています。ノンダイエジェティックサウンドには、特定の感情や状況を表現する音として認知されるほどの力があるのです。

「007／カジノ・ロワイヤル」
（原題：Casino Royale）

2006年

音楽：デヴィッド・アーノルド
　　　（David Arnold）

監督：マーティン・キャンベル
　　　（Martin Campbell）

ダニエル・クレイグ
（Daniel Craig）

キャラクターを理解する

ジェームズ・ボンドものの映画を観れば、「ジェームズ・ボンドのテーマ
(James Bond Theme)」を聞くことになります。モンティ・ノーマン(Monty
Norman)作曲、ジョン・バリー(John Barry)編曲による、スローかつセクシー
に、さっそうと歩く姿を想起させる音楽です。テーマ曲を持つ映画キャラク
ターは少なくありませんが、007は、ノンダイエジェティックサウンドが鑑賞
者に与える影響を理解する目的では最適です。

　1つは、ジェームズ・ボンドを演じる俳優が誰であれ、関係ないことです。
「ジェームズ・ボンドのテーマ」は、単純に音楽だけで、俳優にボンドの特
性をまとわせます。鑑賞者は、この魅力的なスパイとの関係を改めて築く必
要はありません。音楽を主人公に結び付けます。どちらも粋で上品、そして
危険と陰謀の匂いがします。ジェームズ・ボンドほどの男前にはなれなくて
も、このテーマ曲が流れると、誰もがまるでボンドになったような気分になり
ます。スクリーン上の人物には聞こえない音楽ですが、ボンドの雰囲気を完
璧に伝えています。

「ワンダーウーマン」
（原題：Wonder Woman）
2017 年
音楽：ルパート・グレグソン＝
ウィリアムズ
（Rupert Gregson-Williams）
監督：パティ・ジェンキンス
（Patty Jenkins）

ガル・ガドット
（Gal Gadot）

感情を強める

ノンダイエジェティックサウンドには、あるシーンに対する鑑賞者の反応をコントロールする効果もあります。悲しいシーンで悲しげな音楽を流したり、軽快な曲でコメディシーンを引き立たせることができます。「ワンダーウーマン」のパティ・ジェンキンス監督と、作曲家のルパート・グレグソン＝ウィリアムズは、ダイアナ（ガル・ガドット）の勇猛さが伝わるように、彼女の勇気をたたえ、それに対する鑑賞者の感情を後押しするテーマ曲を作りました。

ワンダーウーマンが第一次世界大戦の戦場を駆け抜けるシーンでは、周りの人間（男）たちが敵を恐れて尻込みする中、さっそうと危険地帯を突き進みます。大胆な彼女は、連合軍を助けようと固く心に決めています。

グレグソン＝ウィリアムズの音楽（ノンダイエジェティックサウンド）は、まさにダイアナがその壮大な戦闘シーケンスで見せた「度胸」を音で表現しています。ダイアナの勇気と腕前は、映像から十分に伝わりますが、音楽は彼女のアクションを引き立てます。音楽は感情を操る道具です。登場人物たちに匹敵する、心を揺さぶる音楽なら、その効果は計り知れません。

脚本

台詞（せりふ）

登場人物が、周囲の人々とどうコミュニケーションするかを考える

「台詞」が何かは、おそらくご存じでしょう。登場人物が声に出して言う言葉、それが台詞です。面白い台詞もあれば、真面目な台詞もあり、ストーリーを前に進めたり、登場人物についての情報を伝える役割を果たす台詞もあります（ドラマの筋書き、登場人物の情報を伝えるための台詞は「エクスポジション」と呼ばれます）。どんな台詞でも、ストーリーに関係し、目的がなくてはなりません。それも、鼻につく露骨なものではなく、深いテーマをそれとなく示すのが良策です。私たちと同じで、映画の登場人物たちも、思っていることをそのまま口にするとは限りません。そしてその言葉が、シーンのサスペンスを高めたり、感情を浮き彫りにしていきます。

この項は、切れ味のいい台詞や抱腹絶倒の台詞の書き方を説明することが目的ではありません。取り上げた3本の映画は、それぞれまったく違うタイプで、台詞のスタイルも異なります。わかってもらいたいのは、登場人物の口から何を言わせるかについて、脚本家には幅広い選択肢があることです。現実の世界では、何かを話すときには理由があります。そして、口にした言葉は、本人がそれとは気付かないうちに、他者に自分を明かすものです。映画の台詞も同じです。

「恋人たちの予感」
（原題：When Harry Met Sally ...）
1989年
脚本：ノーラ・エフロン
（Nora Ephron）
監督：ロブ・ライナー
（Rob Reiner）

メグ・ライアン
（Meg Ryan）
ビリー・クリスタル
（Billy Crystal）

笑いを誘い、ハートをつかむ

友人として長く付き合うことになる、ハリー（ビリー・クリスタル）とサリー（メグ・ライアン）の2人は、脚本家ノーラ・エフロンと監督ロブ・ライナーの会話から生まれました。「恋人たちの予感」の脚本家エフロンは、後にこう語っています。「ロブが思っていることをハリーに言わせて、それに異論があれば私がサリーに代弁させました。この映画が特別なのは、これが理由です」。本作の台詞は非常にユーモラスで、何年経っても心の中に残ります。それは、2人の絆が徐々に強くなっていくことが、男と女の仲の本質や、恋愛感情が芽生えたときの複雑さとリンクしているからです。気の利いた台詞を交わす2人ですが、会話の根底には必ず、真実が流れています。

単純に面白さを追求し、社会的メッセージとは無縁のコメディもたくさんあります。しかし、映画制作を志すなら、「恋人たちの予感」から台詞の作り

方について学ぶことがあるはずです。恋をしたいとき、相手が自分を心から愛してくれているかどうかがわからないとき、人は不安や渇望を覚えるものです。この映画には、そうした感情を率直に伝えたり、万人に共通する感情をユーモアを交えて話す、お手本のような台詞がたくさんあります。

また、まったく考え方が異なる2人を主人公にした設定も効果的です。ハリーは、「セックス」が邪魔をして男女の友情は成立しない、と主張します。しかし、サリーは同意しません。「恋人たちの予感」はある意味、2人の論争の物語です。しかし、ハリーとサリーはとてもユーモアがあり、繊細で "リアル" です。折り合わない理由を並べ立てたポジションペーパー（立場表明書）を読んでいるように感じる鑑賞者は、いません。巧みな台詞は、もっと聞きたいという気持ちにさせます。

「スパニッシュ・プリズナー」
（原題：The Spanish Prisoner）
1997年
脚本： デヴィッド・マメット
　　　　（David Mamet）
監督： デヴィッド・マメット

キャンベル・スコット
（Campbell Scott）
スティーヴ・マーティン
（Steve Martin）

鑑賞者を謎で包む

脚本家兼監督のデヴィッド・マメットは、鋭い台詞、あえて大げさな台詞を使うことで知られています。「グレンギャリー・グレンロス」（原題：Glengarry Glen Ross）でピューリッツァー賞を受賞した劇作家でもあるマメットは、ストーリーテリングを考えるプロセスを聞かれたときにも、そっけなくこう語っています。「どのシーンも、次の3つの質問に答えなければいけない。誰が、誰に、何を望むのか？　それがかなわないと、どうなるのか？　なぜ、今なのか？」

　マメットの1997年のスリラー映画「スパニッシュ・プリズナー」は、彼のパンチの利いた脚本術がよくわかる作品です。また、独特な台詞まわしの作品例でもあります。彼が書いた台詞を文字で見ると、奇妙に感じるはずです。まるで、外国語で書かれた台詞をただ英語に翻訳したようです（たとえば、こんな台詞があります。「We must never forget that we are human, and as humans we dream, and when we dream we dream of money.（我々は、自分が人間であることをゼッタイに忘れてはならない。そして人間は、夢を見る。夢を見るときには、金の夢だ）」「Good

people, bad people, they generally look like what they are.（善い人。悪い人。人間は、見た目でわかる）」）。

　まるでおみくじの文言のように、短く言葉を切っているのは策略です。映画を観ると、「スパニッシュ・プリズナー」の登場人物の多くは、何かを隠しているように感じられます。台詞そのものは簡潔でも、彼らの言葉に裏の意味が含まれているように感じます。そして、その言葉が軽く耳に届くようにしているのです。マメットは陰謀や詐欺を題材にした映画を多く手掛け、「スパニッシュ・プリズナー」もその1つです。登場人物の台詞は、どれも独特で不可解です。極端なスタイルではありますが、脚本家にとってはこれも選択肢の1つです。物事をわかりやすく説明するどころか、台詞は難解さを増す役にしか立っていません。すべてのシーンが、マメットの3つの質問に答えていなければならないとしても、鑑賞者が答えを解読するヒントとして台詞を用意する必要はないのです。

「戦場にかける橋」
(原題：The Bridge on the River Kwai)

1957年

脚本：カール・フォアマン
(Carl Foreman)

マイケル・ウィルソン
(Michael Wilson)

監督：デヴィッド・リーン
(David Lean)

アレック・ギネス
(Alec Guinness)

早川雪洲
(Sessue Hayakawa)

スペクタクルに魂を込める

「アクション超大作に、名台詞は少ない」と思っていませんか？ 主人公が口にするのは主に「飛べ！」「危ない！」といった台詞で、アクションのないシーンでは物知り顔で当たり障りのないことを言う程度だろうと。実際には、そうではありません。戦争映画やアクション映画でも、優れた脚本家はキャラクターに感情を吹き込み、知恵を授けます。それに、ハラハラ、ドキドキが一番の期待だとしても、鑑賞者が素晴らしいキャラクターの登場や、魅力的な台詞のやりとりを欲していないわけではありません。

　確かに、「戦場にかける橋」は現代の基準からすると、強烈なアクションが展開する映画ではありません。しかしこの作品は、壮大な冒険物語を個性や台詞が支えている好例です。アカデミー賞受賞作のシーケンスには、同様の例が多く見られます。ここでは、「戦場にかける橋」のイギリス人将校ニコルソン（アレック・ギネス）と日本人指揮官、斉藤大佐（早川雪洲）の、意志と意志のぶつかり合いに注目しましょう。第二次世界大戦下、ニコルソンが率いる隊は、日本軍の捕虜になります。斉藤はイギリス人将校らに大規模な橋の建設作業に従事するよう求め、ニコルソンはそれを拒みます。カール・フォアマンとマイケル・ウィルソンによる、知的でウィットに富んだ台詞は、この２人が対立するシーンに生命を吹き込みました。

　ここで注目すべきは、台詞は２人の対立を単純にエスカレートさせてはいないことです。ニコルソンの揺るぎない自信と、徐々に不安になる斉藤を感じた鑑賞者は、両者を動かしている原動力を本当の意味で理解します。「戦場にかける橋」は、壮観なスペクタクル映画でありながら、魂や知性もたっぷりと感じられる作品です。

ナレーション

登場人物の心の内を
音声（独り言、鑑賞者への語りかけ）で伝える

人の心が読めるとしたら、どんな感じがするでしょう？ SFの世界の話ではありません。映画なら、「心の声」を聞くことができます。登場人物の思考をサウンドトラックに入れ、鑑賞者に聞かせるのが、「ナレーション」あるいは「ボイスオーバー」と呼ばれるものです。

ナレーションの使い方はさまざまです。たとえば、語りによって小説風の味わいにしたり、主人公が鑑賞者に直接語りかけることもあります。いずれにしても、ナレーションを使う場合には、他の方法では伝えられない情報を示すために使うべきです。そして鑑賞者は、語りかけてくるその声を、100パーセント信用していいとは限りません。

「バリー・リンドン」（原題：Barry Lyndon）
1975年
脚本：スタンリー・キューブリック（Stanley Kubrick）
監督：スタンリー・キューブリック

小説風の味わい

小説では、第三者あるいは神の視点からできごとを見ている「全知の語り手」が物語を進行させる手法がよく使われます。それが実際に誰なのか、読者は知りません。その見えない「声」はストーリーの案内人として、場所や登場人物について説明したり、登場人物の心の内側を教えてくれます。これと同じ手法が、小説より少ないとはいえ、映画でも使われることがあります。

　この手法を取り入れた興味深い作品の1つが、ウィリアム・メイクピース・サッカレー（William Makepeace Thackeray）の小説を原作とする、スタンリー・キューブリック監督の「バリー・リンドン」です。舞台は18世紀、アイルランド生まれの若者レドモンド・バリー（ライアン・オニール／Ryan O'Neal）が狡猾に生き伸びていく歴史物語です。ナレーションの声は、主人公ではありません。

俳優のマイケル・ホーダーン（Michael Hordern）が、冷静かつ皮肉のこもった調子で、貧しいバリーの運命は生まれたときから決まっていること、彼にはその運命を変えるだけの力がないことを語ります。

　この手法が、小説のような雰囲気を演出しています。また、キューブリックはナレーションを利用して、バリーをどうとらえるべきかの手掛かりを鑑賞者に与えています。これは、勇敢な若者が徳を重ね、偉大な人物に成長していく物語ではありません。1人の愚か者が当然の報いを受ける、皮肉な物語です。ホーダーンのナレーションは私たちに、映画全体のトーンと世界観を伝えます。

「グッドフェローズ」
(原題：Goodfellas)
1990年
脚本：マーティン・スコセッシ
(Martin Scorsese)
ニコラス・ピレッジ
(Nicholas Pileggi)
監督：マーティン・スコセッシ

レイ・リオッタ
(Ray Liotta)

直接話しかける

マーティン・スコセッシは、ナレーションを使った作品が多い監督です。たとえば時代物の恋愛映画「エイジ・オブ・イノセンス／汚れなき情事」(原題：The Age of Innocence)でも、ナレーター(ジョアン・ウッドワード／Joanne Woodward)がなりゆきを語ります。しかし、スコセッシ作品のうち、ナレーションが功を奏した例として最も有名なのは「グッドフェローズ」でしょう。主人公のニューヨーカー、ヘンリー・ヒル(レイ・リオッタ)はモブ(犯罪組織)の一員となり、頭角を現していきます。実話をもとにした同作(スコセッシとニコラス・ピレッジによる脚本)では、映像でヘンリーを追うだけでなく、ヘンリー自身が気持ちや事情をナレーションで語ります。

脚本の書き方のハウツーや映画制作の授業では、このナレーションの使い方は短絡的で退屈だと否定されるかもしれません。確かに、感情に訴えるドラマとして伝えることもできるのに、説明を並べ、人物の精神状態を「要約」して明かすのでは、ナレーションは邪魔にしかなりません。しかし、うまく使えば、他の手法に勝るとも劣らない効果を発揮します。

それを証明しているのが「グッドフェローズ」です。鑑賞者は、語りかけてくるヘンリーに親近感を覚えます。リオッタのナレーションは懺悔のようでもあり、ある意味、鑑賞者は犯罪に手を染めていく彼を目撃し、彼の傍らにいるわけです。私たちの日常は、ヘンリー・ヒルのような悪党とは無縁です。「グッドフェローズ」のナレーションは、鑑賞者を共謀者に仕立て上げます。

「インフォーマント！」
（原題：The Informant!）
2009 年
脚本：スコット・Z・バーンズ
（Scott Z. Burns）

監督：スティーヴン・
　　　ソダーバーグ
（Steven Soderbergh）

マット・デイモン
（Matt Damon）

信頼できない語り手

ところで、ナレーションは常に信頼できるのでしょうか？　スティーヴン・ソダーバーグ監督による、2009 年のコメディ映画「インフォーマント！」はどうでしょう。驚くべき実話をもとにした同作の主人公は、真実を語るとは限りません。このような人物にナレーションを任せた本作は、「鑑賞者を惑わす」ためにナレーションが使えることを実証しました。鑑賞者は、通常、ナレーションを疑うことなどありません。しかし、その思い込みは見事に覆されます。

　物語の冒頭で、アメリカ中西部の食品会社の重役、マーク・ウィテカー（マット・デイモン）が登場します。上機嫌で登場すると、曖昧な情報や、職場の同僚についての意見を述べたりします。彼のナレーションは要領を得ず、まとまりがないことがすぐにわかります。心に浮かんだ、とりとめのない思い付きを口にしているようです。スコット・Z・バーンズ脚本（原作はカート・アイケンウォルド／Kurt Eichenwald によるノンフィクション小説）の「インフォーマント！」のナレーション戦略は、ひねりが効いています。通常の映画とは異なり、マークは「語りかける」のではありません。実は、自分自身に話しています。

つまり鑑賞者は、彼の心の中の独り言を聞いているわけです。しかし、マークの頭の中を覗いても親しみは感じられません。それどころか、訳がわからなくなるばかりです。

　物語が展開し、マークは会社の価格協定を暴露する、内部告発者になります。そうなれば、平凡な男が強大な企業を相手に戦う、「弱者の物語」が定番です。しかし、「インフォーマント！」はこの点でも期待を裏切ります。マークを知れば知るほど、その不可解なナレーションを聞けば聞くほど、彼が信用ならない男に思えてきます。そしてついには、マークは気まぐれで「信頼できない語り手」であるだけでなく、深刻な精神衛生上の問題を抱えていると気付くのです。

　ソダーバーグ監督の独特のキャラクター描写は、ナレーションがいかに強力なツールかを示しています。鑑賞者に対して情報を明らかにすることも、鑑賞者をあらぬ方向に導くこともできます。

伏線

この先に起きることの手掛かりを
事前にほのめかす

映画の鑑賞者は、しっかり注意を払っているつもりで観ています。しかし、ストーリーが予想外の展開になり、不意を突かれた気分になることがあります（脈絡のないストーリーは例外です）。しかも、その驚きの展開に至るヒントはずっと前の時点で暗示されていて、そのときにはわからなかったのだと悟ると、衝撃は増幅されます。

その先の展開のために見ておくべきものを示す、つまり未来のできごとの手掛かりを与えるのが「伏線」です。中には、実にわかりづらい伏線もあります。さほど重要に思えない情報が示され、最後の最後になって実はそれが重要だったと判明するような映画がそれです。あるいは、鑑賞者への挑戦のような伏線もあります。登場人物が不吉な台詞や謎めいた台詞を口にし、鑑賞者は何だろうと不思議に思いながら、その不可解な台詞が出てきた理由がわかるまで、じっと座って待たなくてはなりません。

すべての映画に伏線が必要なわけではありません。また、脚本家は、伏線を用いるときには巧妙に仕掛ける必要があります。それでも、伏線が見事に効いている名作はたくさんあります。

「めまい」(原題：Vertigo)

1958年

脚本：アレック・コッペル
　　　(Alec Coppel)

　　　サミュエル・A・テイラー
　　　(Samuel A. Taylor)

監督：アルフレッド・ヒッチコック
　　　(Alfred Hitchcock)

キム・ノヴァク
(Kim Novak)

ジェームズ・スチュワート
(James Stewart)

背筋の凍る回収

ジェームズ・スチュワート演じる元刑事のスコティは、ある依頼を引き受けます。その調査を進めるうち、スコティはミステリアスなブロンド女性マデリン（キム・ノヴァク）と恋に落ちます。しかし、彼女は教会の鐘楼から身を投げて亡くなってしまいます（めまいを起こしたスコティは、彼女を止めることができません）。悲しみに暮れるスコティですが、すぐにマデリンに似たジュディ（同じくノヴァク）に出会います。彼はまるで取りつかれたかのように、亡き恋人そっくりにジュディを変えようとします。

　このアルフレッド・ヒッチコックのサイコスリラーを観たことがある人なら、結末はご存じでしょう。スコティはだまされていたと知り、ジュディは前の事故と同じ鐘楼から落下して亡くなります。「めまい」では、伏線がドラマを

盛り立てる重要な仕掛けとして機能しています。映画の序盤では、同僚の警官が高所から落ち、スコティの目の前で亡くなります。救えなかったショックで高所恐怖症になったスコティは、マデリンが鐘楼に上ったときにもめまいを起こします。やはり、どうすることもできません。この伏線は、後になってより大きい効果を発揮します。マデリンに起きたできごとがジュディでも再現され、同じような結果になるという、映画の結末につながっているのです。

　ヒッチコックは終始、高所恐怖症が、映画の登場人物たちの死につながるのだとほのめかします。鑑賞者は、映画の最後になって、その真の意図を理解します。

「ミリオンダラー・
　ベイビー」
（原題：Million Dollar Baby）

2004年

脚本： ポール・ハギス
　　　（Paul Haggis）

監督： クリント・イーストウッド
　　　（Clint Eastwood）

クリント・イーストウッド
ヒラリー・スワンク
（Hilary Swank）

残酷な結末

見過ごしてしまいそうな、特別なことのないショット。老トレーナーのフランキー（クリント・イーストウッド）と、気鋭のボクサー、マギー（ヒラリー・スワンク）が、ラウンドの合間の休憩時間にコーナーで話しています。トレーナーは休憩になると椅子を出し、試合が再開する前に椅子を片付けます。ボクシングのシーンの間は、鑑賞者が目を向けるのは試合のなりゆきで、休憩時間の過ごし方など気に留めません。

　しかし、この映画の監督も務めたイーストウッドは、やがて起こる惨事の伏線をここに仕込みました。試合が進み、相手から不意打ちの反則パンチを食らったマギーは椅子に首を打ちつけ、まひが残ってしまいます。そのとき、フランキーは椅子をどかしそこねます。

　これは、目につきにくい伏線の例です。イーストウッドは椅子をボクシングのシーケンスの背景として扱い、伏線をあえて隠したのです。鑑賞者はフランキーが椅子を動かすシーンを目にしても、「通常通りに事が運んでいる」としか思いません。重要な意味があるようには見えないのです。しかし、この後のできごとにつながる伏線としてこうしたシーンを見ていたのだと、後になってわかります。

「プレステージ」
(原題：The Prestige)
2006年

脚本：ジョナサン・ノーラン
(Jonathan Nolan)

監督：クリストファー・ノーラン
(Christopher Nolan)

マイケル・ケイン
(Michael Caine)

招待

「プレステージ」は、競い合う2人のマジシャン(クリスチャン・ベイル／Christian Baleとヒュー・ジャックマン／Hugh Jackman)の物語で、映画でも巧妙な駆け引きや驚異のマジックが披露されます。「プレステージ」自体が、トリックが仕込まれたマジックのような映画だと言えるでしょう。クリストファー・ノーラン監督は、マジックを観るときと同じように、この映画をしっかり観るようにと、冒頭で鑑賞者を招き入れます。

　映画の冒頭、マイケル・ケイン演じるマジックの権威、カッターがマジックの仕組みを解説します。ここで私たちは、マジックは3つのパートで構成されていると聞かされます。最初が「確認(プレッジ)」。タネも仕掛けもないものを使うのだと見せる段階。2つ目のパートが「展開(ターン)」。その何でもない

 もので、通常では起こり得ないことを起こします。そして3つ目が「偉業(プレステージ)」。マジックの結末です。カッターはまた、マジックを好きになる心理についても語ります。鑑賞者はマジックのタネを見破りたいと思う一方で、イリュージョンに胸を躍らせることも好きなのだと。彼はこう言います。「You want to be fooled.(あなたは、騙されたいのだ)」

　「プレステージ」の最初の数分で、ノーランは、これから見せる巧妙なトリックを見破れるかどうか、鑑賞者に挑戦します。実際、このスリラー映画には思いがけない展開が待っています。もちろん、驚きの展開になることは確実です。ノーランがどんな伏線で、どうストーリーを紡ぎあげたか、見破ることはできるでしょうか？

無生物による象徴

無生物に感情的、象徴的な意味を
持たせること。たとえば、劇中のタバコは
ときに、タバコ以上のことを意味する

映画には、プロップ(道具)が付き物です。武器、魔法の道具、楽器、想像の産物まで、実にさまざまなプロップが登場します。中にはストーリーの展開上、重要な意味を持つプロップもあります。この項では、映画のテーマや感情を想起させるために使われた無生物について考察します。

無生物に象徴的な意味を持たせた最も有名な例は、「市民ケーン」(原題：Citizen Kane)でしょう。この映画では、チャールズ・フォスター・ケーンが、死の間際に「ローズバッド(バラのつぼみ)」とつぶやいた理由を解明していきます。「ローズバッド」とは何か？ 彼にとって重要な理由は？「ローズバッド」が彼の「ソリ」だとわかると、その途端、ソリは単なる子どものおもちゃではなく、深い意味を持つものに変わります。

映画では、実にさまざまな無生物が象徴として使われています。プロップが持つストーリー上の意味を読み解くことは、映画の根底にあるメッセージを理解する大きな手掛かりにもなります。

「自転車泥棒」
(原題：Ladri di biciclette)
(英題：Bicycle Thieves)
1948年
脚本：チェザーレ・ザヴァッティーニ
　　　(Cesare Zavattini)
監督：ヴィットリオ・デ・シーカ
　　　(Vittorio De Sica)

ランベルト・マジョラーニ
(Lamberto Maggiorani)
エンツォ・スタヨーラ
(Enzo Staiola)

希望の象徴

ヴィットリオ・デ・シーカ監督による、1948年の名作。ランベルト・マジョラーニ演じるアントニオは、仕事を見つけます。わずかな稼ぎの仕事ですが、それには自転車が必要でした。アントニオの一家は貧しく、自転車は質屋に預けています。それを受け出すには、家の物を売ってお金をつくらなくてはなりません。「自転車泥棒」は、ようやく職を得たアントニオの自転車が盗まれた後のできごとを追います。アントニオと息子のブルーノ（エンツォ・スタヨーラ）は、泥棒を捕まえようと、ローマ中を歩き回ります。

　第二次世界大戦後のイタリアを背景に、社会の底辺で生きる市民の生活を描いたこの映画は、父と息子の物語でもあります。そして「自転車」は、ストーリーを語る重要な要素です。はじめは、自転車はアントニオの希望を象徴しています。彼の望みは、家族を養うためのお金を稼ぐことだけです。ところが、彼は自転車を失います。この「盗み」は鑑賞者の心に強く訴えかけ

てきます。自転車がなければ、アントニオは、家族を養うための仕事を失うのです。自転車が盗まれたことは、アントニオが夫として、父親として、失格者であることを示しているようでもあります。アントニオは自転車を探しているだけではなく、自尊心を取り戻そうとしているのです。

　「自転車泥棒」は、無生物の画像が、鑑賞者の共感を呼び起こす強力な仕掛けであることがわかる好例です。自転車を探すという単純なストーリーではあっても、アントニオにとって、ずっと複雑な問題であることが伝わります。そして映画の終盤でアントニオは、他人の自転車を盗もうとします。このシーンでは、屈辱と悲しみが突き抜けるように伝わります。それはつまり、アントニオの転落です。彼は周りの人間たちと同じように、不正、不道徳の誘惑に身を任せたのです。

「インセプション」
（原題：Inception）
2010年
脚本：クリストファー・ノーラン
（Christopher Nolan）
監督：クリストファー・ノーラン

レオナルド・ディカプリオ
（Leonardo DiCaprio）

重い意味

映画では、ストーリーの文脈に応じ、何の変哲もない身近な物に、暗く、重い意味持たせることもできます。たとえば、映画「インセプション」ではドム・コブ（レオナルド・ディカプリオ）とその仲間たちがターゲットの潜在意識に入り込み、アイデアを盗んだり、植え付けたりします。このようなSFの世界には、複雑なルールが設定されているものです。脚本兼監督のクリストファー・ノーランは、細部まで複雑に入り組んだストーリーで観る者を圧倒します。

　とはいえ、「インセプション」の基盤には、とても単純かつ奇抜なアイデアがあります。ドムは小さいコマを持っています。それが回り続ければ、まだ夢の世界にいることになります（現実世界に戻っていれば、重力の影響でコマはやがて止まる）。句読点のように機能する、スマートな仕掛けです。コマがどうなるか、鑑賞者は次第にコマが気になっていきます。ドムにとって、潜在意識の世界は、ときに現実よりも魅力的です。亡くなった妻モル（マリオン・コティヤール／

Marion Cotillard）が夢の世界にいるとわかれば、このまま夢の中にとどまりたいと願うことでしょう。

　「インセプション」の世界に引き込まれるにつれ、鑑賞者の混乱は高まります。「今観ているのは夢？　それとも現実？」その唯一のよりどころが、コマです。また、この無生物は、現実世界に対するドムの不安定な気持ちも象徴しています。目覚めてしまえば、妻がもうこの世にいないこと、そして子どもたちにも二度と会えないだろうという現実を直視しなければなりません。夢の世界にいれば、妻は生きていて、何事も思い通りです。これが、「インセプション」の結末を非常に衝撃的にしています。ドムはハッピーエンドを迎えられたのか？　彼は目を覚ましたのか、それとも眠ったままなのか？　現実を受け止めたのか、あるいは現実から目をそむけたままか？　回るコマは、私たちに疑問と不安を残します。

「ピアノ・レッスン」
（原題：The Piano）
1993年
脚本：ジェーン・カンピオン
（Jane Campion）
監督：ジェーン・カンピオン

ホリー・ハンター
(Holly Hunter)
アンナ・パキン
(Anna Paquin)

物言わぬ者の声

登場人物が話せないとしたら、気持ちをどう伝えたらいいのでしょう？「ピアノ・レッスン」では、失語症のエイダ（ホリー・ハンター、アカデミー主演女優賞）は、彼女の宝物であるピアノで心の内を表します。鑑賞者がエイダにはじめて出会う場面では、彼女はひどく心細そうです。そして映画の序盤でエイダは、アリスディア（サム・ニール／Sam Neill）と虚しい結婚をします。隣人で友人でもある、ベインズ（ハーヴェイ・カイテル／Harvey Keitel）が、そんな彼女を見つけます。

　脚本兼監督のジェーン・カンピオンは、エイダのピアノにさまざまなストーリーを語らせ、アカデミー脚本賞を受賞しました。最も基礎的なレベルでは、腕の良いピアニストのエイダにとって、憧れや情熱を伝える方法がピアノです。しかし、もっと深い部分では、ピアノはエイダの身体の延長でも

あります。だからこそ、アリスディアが彼の狭い家にピアノを運んでくれないことに、エイダは深く傷つきます。そしてベインズには、「ピアノに興味を示すこと」が「エイダに興味を示すこと」と同じだとわかっています。エイダがベインズのためにピアノを弾くこと、それはまるで愛の儀式のようです。

　「ピアノ・レッスン」のピアノは、ストーリーのいたるところで、極めて重要な象徴として登場します。ピアノに起こることは、ときに、鏡のようにエイダにも起こります。映画で描かれている、荒涼としたニュージーランドの地には、品格や美しさを示すようなものはほとんどありません。ピアノと、それを演奏する女性は周囲から浮き立っています。そして鑑賞者はピアノの運命、ひいてはエイダの運命に心を奪われます。

敵対者と障害

主人公の行く手を阻む、
外的な力または内的な力を定義する

ヒーローは誰からも好かれます。しかしそのヒーローがどれだけ強いかは、戦う相手、つまり悪者次第です。ジェームズ・ボンドが木に登った子猫を助けたところで、誰も気に掛けません。勇敢さを示すには、悪魔のように極悪非道な敵と真っ向から対決する必要があります。つまり、実在感のある主人公を作るには、そのヒーローに見あう敵を考えなくてはなりません。ただし、主人公が打ち勝つのは、敵対者だとは限りません。最も手ごわい敵が、主人公の中にいることもあります。

ここでは、敵対者（外の敵）と障害（内なる敵）について考察します。性質は違っても、どちらも重要です。

マーク・ハミル(Mark Hamill)
デヴィッド・プラウズ(David Prowse)

「スター・ウォーズ／帝国の逆襲」(原題：The Empire Strikes Back)
1980年
脚本：ローレンス・カスダン(Lawrence Kasdan)、リー・ブラケット(Leigh Brackett)
監督：アーヴィン・カーシュナー(Irvin Kershner)

目を覗き込む敵

映画に出てくる敵はたいてい、いかにも悪者風で、簡単にわかります。その典型が、ルーク・スカイウォーカー(マーク・ハミル)率いる反乱軍を滅ぼそうとする、ダース・ベイダー(声：ジェームズ・アール・ジョーンズ／James Earl Jones)です。「スター・ウォーズ」オリジナル・トリロジーでは、主人公と敵、つまりヒーローと悪の対決が描かれています。紆余曲折を経たのち、ルークは

ダース・ベイダーの正体を知ります。しかし、ジョージ・ルーカスによるこの宇宙冒険譚は、ヒーローが目的を果たすのを阻む、明らかな「敵」としてベイダーを登場させています。1980年の「帝国の逆襲」のクライマックスはライトセーバー戦で、対立する「フォース」と「フォース」が文字通りぶつかり合います。敵対者とは、倒さなければならない相手です。

「ロッキー」(原題：Rocky)

1976年

脚本：シルヴェスター・スタローン
　　　(Sylvester Stallone)

監督：ジョン・G・アヴィルドセン
　　　(John G. Avildsen)

シルヴェスター・スタローン

自らの前進を止める障害（内なる敵）

ときには、主人公が前に進むには、自らの中にある「何か」に打ち勝たなければならないことがあります。スポーツドラマ、負け犬のストーリーの傑作といえば「ロッキー」です。主人公のロッキー・バルボアは広い心を持つ、平凡な男です。彼は常々、全力でボクシングに打ち込んでいたら、自分の人生は違っていたかもしれないと考えています。映画では、彼の明快な敵はアポロ・クリード（カール・ウェザース／Carl Weathers）です。傲慢なチャンピオンのアポロは、話題作りのために、格下のロッキーにタイトル戦を申し込みます。しかし、ロッキーは別の問題を抱えています。それは、簡単には目に見えない、おそらくもっと手ごわい障害です。

「イタリアの種馬」と呼ばれるロッキーは、有望なボクサーでしたが、秘めた可能性を発揮できないまま生きています。アポロと戦うチャンスをつかんだ今、彼は体を最高の状態に仕上げる以上に、メンタルを鍛えなくては

なりません。トレーナーのミッキー（バージェス・メレディス／Burgess Meredith）は、ロッキーが内なる敵に勝つための手助けをします。それは、自分など勝てるはずがない、これまで人生を無駄にしてきた、いつだってダメなんだ、といった恐れです。ロッキーにとってアポロとの対戦は、世界チャンピオンとの戦いであるだけでなく、自身の恐れとの戦いです。

「ロッキー」は、主人公の内面の葛藤を見事に描き出しています。この映画の最も印象的な瞬間の1つが、ロッキーがフィラデルフィアの街を走り、最後に美術館の階段を全速力で駆け上がって、意気揚々と両腕を突き上げるシーンです。まだアポロと対面すらしていませんが、ある意味では、すでに勝利を手にしたのです。このシーンは、ロッキーの内なる戦いです。その勝ち誇った顔は、彼が長年とらわれてきた恐れから解放されたことを示しています。

「レクイエム・フォー・ドリーム」
（原題：Requiem for a Dream）

2000年

脚本：ダーレン・アロノフスキー
（Darren Aronofsky）

ヒューバート・セルビー・Jr
（Hubert Selby Jr.）

監督：ダーレン・アロノフスキー

ジャレッド・レトー
（Jared Leto）

ジェニファー・コネリー
（Jennifer Connelly）

外敵よりも厄介な、目に見えない敵

すべての映画に、明らかな悪役が存在するとは限りません。現実の世界と同じように、登場人物が自分自身と戦い、戦いに破れる映画もあります。

「レクイエム・フォー・ドリーム」は、ヒューバート・セルビー・Jrによる1978年の小説が原作です。主な登場人物は、ヘロイン中毒のカップル、ハリー（ジャレッド・レトー）とマリオン（ジェニファー・コネリー）を含む4人です。ダース・ベイダーも、アポロ・クリードも登場しません。薬物をすっぱりやめられないことが、この映画の登場人物の内なる障害です（実際には、薬物への依存が高まっていきます）。

ストーリーテリングの点では、内在する障害をドラマで表現するのは簡単ではありません。少なくとも「スター・ウォーズ」や「ロッキー」のような映画は、応援すべきキャラクターや、お決まりの対立構造があります。しかし、ダーレン・アロノフスキー監督はあえて、薬物依存に陥っていく人々を掘り下げました。鑑賞者は、薬物依存がどのようなものか、実際に体験しているような感覚になります。この心をかき乱す、衝撃的な映画は、大事なことを思い出させてくれます。それは、ストーリーテラーは、登場人物に外敵を与えなくてもかまわないという事実です。ヒーローにとっての最大の敵は、鏡の中でこちらを見つめ返す自分自身かもしれません。

テーマ

筋書きの中核にある主張を表明する

鑑賞者がストーリーに興味を持つ理由は、さまざまです。「ストーリー展開が面白そう」「きっと好みのジャンルの映画だ」といったものです。しかし、何度も観たくなる映画は、プロットそのものではなく、影に隠れたところにある何かが理由になっていることもあります。映画で起きるできごとよりも、映画で「伝えようとしていること」に引き付けられるのです。

そうしたことを「テーマ」と呼びます。言い換えると、テーマとは「制作者が、主題を介して伝えようとしている意見や考え」です。脚本家のクレイグ・メイジン（Craig Mazin）は、こう言っています。「ドラマを通して一番に伝えたいこと、それがテーマです。…（中略）…この「テーマ」という言葉の使い方が、ときに誤解されていることがあります。脚本の「テーマ」も同じことです。主張がなければ、テーマとは呼べません。主張がなければ、疑問に答えようがありません。ただの漠然としたコンセプトです。…（中略）…主張のない脚本はむなしく、つかみどころがありません。観た人はきっとこんな風に思うはずです。「いったい何についての映画？」「ストーリーはわかるけれど、結局、何が言いたいの？」「この映画の存在意義は？」「この映画に何の意味があるの？」

別の言い方をすれば、ストーリーをスマートに組み立てただけでは十分ではありません。何を言いたいかが、重要なのです。

スカーレット・ヨハンソン(Scarlett Johansson)、クリス・ヘムズワース(Chris Hemsworth)、
クリス・エヴァンス(Chris Evans)、ジェレミー・レナー(Jeremy Renner)、
ロバート・ダウニー・Jr(Robert Downey Jr.)、マーク・ラファロ(Mark Ruffalo)

「アベンジャーズ」(原題：The Avengers)
2012年
脚本：ジョス・ウェドン(Joss Whedon)
監督：ジョス・ウェドン

大ヒット映画の中核にあるアイデア

超大作のイベント映画にも、テーマはあります。多くのアクション映画の中核には、「善は悪に勝つはず」だというテーマがあります。ハラハラするような展開や爆発といった刺激的なシーン以上に、鑑賞者の心に響くのは、テーマです。たとえば、「アベンジャーズ」(脚本、監督ジョス・ウェドン)は、困難な目的を達成するには、チームワークが大切だと説いています。この2012年の大作映画は、普段は個々に活躍しているスーパーヒーローたちが団結し、悪役ロキ(トム・ヒドルストン／Tom Hiddleston)に立ち向かう物語です。1人でも無敵の強さを誇るヒーローたちは、結束すれば、なお強力になるはずです。

スーパーヒーロー映画を観に行く人の多くは、キャラクターたちの派手な活躍を期待しているのは事実です。しかし「アベンジャーズ」には、たとえスーパーヒーローでも、互いに信頼し合わなければ困難な目的は達成しえない、という理念が隠されています。この映画の根底に流れるこの感情が、鑑賞者の共感を誘うのです。

「ソーシャル・ネットワーク」
（原題：The Social Network）
2010年
脚本：アーロン・ソーキン
（Aaron Sorkin）
監督：デヴィッド・フィンチャー
（David Fincher）

ジェシー・アイゼンバーグ
（Jesse Eisenberg）
ジャスティン・ティンバーレイク
（Justin Timberlake）

1つの映画に複数のテーマ

いくつものテーマを持つ映画もあります。その一例が「ソーシャル・ネットワーク」です。そのような映画では、鑑賞する個人によって、受け取るテーマが違います。この2010年の映画は、Facebookの創設の物語です。主人公のマーク・ザッカーバーグ（ジェシー・アイゼンバーグ）は、頭は良いがカッとなりやすいハーバード大学生。彼は学生寮の自室で、巨大ソーシャルメディアを立ち上げます。監督デヴィッド・フィンチャー、脚本アーロン・ソーキンによる本作で取り上げたのは、マークがビジネスを立ち上げるまでの過程です。ライバルとの対決、訴訟、支えてくれたクラスメイトで親友のエドゥアルド・サベリン（アンドリュー・ガーフィールド／Andrew Garfield）との関係悪化などのできごとがつづられていきます。ただし、それらはいずれもストーリーの要素であって、この映画が本当に伝えたいことは、そうした詳細ではありません。映画が伝えたいこと、それがテーマです。

「ソーシャル・ネットワーク」の作品としての素晴らしさは、いくつものアイデアがストーリーを支えていることです。その1つが「人気の魅力」です。

映画の開始早々、マークは傲慢な鼻つまみ者として登場し、人に好かれるタイプには見えません。しかもオープニングのシーケンスでガールフレンドに対してひどい態度をとり、フラれてしまいます。ハーバードの秘密結社のどこからも誘いのないマークは、1つは自尊心のため、そしてもう1つは周囲に自分の存在を認めさせるために、Facebookを立ち上げます。その時点から、映画で起こるできごとの大半は、称賛を浴びたい、もっと正確に言えば「クールだ」と思われたい、マークの願望によって引き起こされます。その願望のせいでマークは、饒舌で狡猾な起業家、ショーン・パーカー（ジャスティン・ティンバーレイク）にみるみる取り込まれていきます。頑張ってみても、自分が望むような人気者にはなれないマーク。Facebookのおかげで億万長者になっても、内面の自信のなさは拭えません。

映画の根底にあるテーマに鑑賞者が気付くかどうかは、わかりません。しかし、ストーリーに感情的あるいは知的なエネルギーを与えるのがテーマです。これはとても大切なことです。

「フリーソロ」(原題：Free Solo)

2018年

監督：エリザベス・チャイ・
　　　ヴァサルヘリィ
　　　(Elizabeth Chai Vasarhelyi)

　　　ジミー・チン
　　　(Jimmy Chin)

途中でテーマを見つける

脚本を書き始める段階で、ストーリーを支えるテーマを考えるのも大切ですが、映画の制作過程でもっと深いアイデアを見つけることもあります。2018年制作、アカデミー長編ドキュメンタリー映画賞を受賞した映画「フリーソロ」がその例です。

　ノンフィクション映画の場合、どんな側面に注目したいか、制作サイドのアイデアはあっても、予期せぬ事態によって方向転換を余儀なくされることがあります。これは珍しいことではなく、ノンフィクション映画制作の面白いところでもあります。「フリーソロ」は世界的なフリーソロクライマー、アレックス・オノルド(Alex Honnold)の挑戦を追います (フリーソロクライミングとは、命綱なしで、単独で行う岩(壁)登りのこと)。命をかけて危険なフリーソロに挑む彼の姿を見るのは、恐怖心があおられると同時に、爽快でもあります。

　監督のエリザベス・チャイ・ヴァサルヘリィとジミー・チンは、カメラを回し始めた後で、新しいテーマを取り入れる必要がありました。突き動かされるように単独行動をするオノルドが、このドキュメンタリーの撮影中に

サンニ・マクキャンドレス(Sanni McCandless)とデートをするようになり、真剣な交際に発展していったのです。その結果、このドキュメンタリーは、オノルドが自身の野心と私生活をどうバランスさせるかについて掘り下げることになりました。この苦悩なら、クライミングに挑戦しようと思ったことのない鑑賞者にも理解できます。

　オノルドが危険な花崗岩の一枚岩「エル・キャピタン」を登る準備を始めると、鑑賞者の感情にこの新しいテーマが強く訴えかけてきます。自分の命を危険にさらすだけでなく、マクキャンドレスとの関係も終わらせてしまう可能性がある挑戦です。鑑賞者は必然的に、彼の野望の是非について考えさせられます。エル・キャピタンを登ることは、わがままなのか？ マクキャンドレスはオノルドをサポートし、彼が追う夢を理解すべきなのか？ 鑑賞者のほとんどは、オノルドの危険な情熱に引かれて「フリーソロ」を観ることでしょう。しかし予期せず組み込まれたこのテーマは、映画に大いに味わいを加えました。

推薦図書

Justin Chang 「FilmCraft: Editing」(Ilex Press 刊 2012年)

Roger Ebert 「Roger Ebert's Book of Film: From Tolstoy to Tarantino, the Finest Writing From a Century of Film」(W.W. Norton 刊 1996年)

Mike Goodridge 「FilmCraft: Directing」(Ilex Press 刊 2012年)

Mike Goodridge、Tim Grierson 「FilmCraft: Cinematography」(Ilex Press 刊 2011年)

Tim Grierson 「FilmCraft: Screenwriting」(Ilex Press 刊 2013年)

Fionnuala Halligan 「FilmCraft: Production Design」(Ilex Press 刊 2012年)

Ian Haydn Smith 「The Short Story of Film: A Pocket Guide to Key Genres, Films, Techniques and Movements」(Laurence King Publishing 刊 2020年)

Spike Lee、Lisa Jones 「Do the Right Thing(A Fireside Book)」(Simon & Schuster 刊 1989年)

Little White Lies 「The Little White Lies Guide to Making Your Own Movie in 39 Steps」(Laurence King Publishing 刊 2017年)

Geoffrey Macnab、Sharon Swart 「FilmCraft: Producing」(Ilex Press 刊 2013年)

David Parkinson 「100 Ideas That Changed Film」(Laurence King Publishing 刊 2012年、コンパクト版2019年)

Richard Schickel 「Conversations with Scorsese」(Alfred A. Knopf 刊 2011年)

Christine Vachon、David Edelstein 「Shooting to Kill: How an Independent Producer Blasts Through the Barriers to Make Movies That Matter」(HarperCollins 刊 1998年)

Mitchell Zuckoff 「Robert Altman: The Oral Biography」(Alfred A. Knopf 刊 2009年)

索引

画像提供

8/9 Universal/Kobal/Shutterstock 11 Columbia/Kobal/Shutterstock 12 Moviestore/Shutterstock 13 Dreamworks/20th Century Fox/Kobal/Shutterstock 15 Moviestore/Shutterstock 16 Moviestore/Shutterstock 17 Michele K Short/Universal/Kobal/Shutterstock 19 Moviestore/Shutterstock 20 Kobal/Shutterstock 21 Van Redin/Paramount/Detour Filmproduction/Kobal/Shutterstock 23 Warner Bros/Kobal/Shutterstock 24 Moviestore/Shutterstock 25 Universal/Kobal/Shutterstock 27 Moviestore/Shutterstock 28 Focus/Kobal/Shutterstock 29 Lee Daniels/Kobal/Shutterstock 31 Scott Green/HBO/Fine Line Features/Kobal/Shutterstock 32 BBC Films/Kobal/Shutterstock 33 Institute Of Intellectual Development/Kobal/Shutterstock 34/35 Photo by Michael Ochs Archives/Getty Images 37 Universal/Kobal/Shutterstock 38 Recorded Picture Company/Kobal/Shutterstock 39 Curiosa Films/Kobal/Shutterstock 41 David Bornfriend/Kobal/Shutterstock 42 Warner Bros/First National/Kobal/Shutterstock 43 Zoetrope/United Artists/Kobal/Shutterstock 45 Greg Williams/Focus Features/Kobal/Shutterstock 46 Moviestore/Shutterstock 47 TT Film/Vega Film/Zero Friction Film/Kobal/Shutterstock 49 Snap/Shutterstock 50 Moviestore/Shutterstock 51 Annapurna Pictures/Kobal/Shutterstock 53 United Artists/Kobal/Shutterstock 54 Specta/Kobal/Shutterstock 55 Columbia/Kobal/Shutterstock 57 Moviestore/Shutterstock 58 Kobal/Shutterstock 59 Paramount/Kobal/Shutterstock 61 Alan Markfield/New Line Prods/Kobal/Shutterstock 62 Moviestore/Shutterstock 63 RKO/Kobal/Shutterstock 65 Studio Canal/Shutterstock 66 Peter Mountain/Dreamworks/Warner Bros/Kobal/Shutterstock 67 Jet Tone Prodns/Kobal/Shutterstock 68 Laurie Sparham/Miramax/Universal/Kobal/Shutterstock 69 Selznick/MGM/Kobal/Shutterstock 70 Warner Bros/Kobal/Shutterstock 71 Moviestore/Shutterstock 73 Canalplus/Kobal/Shutterstock 74 Relativity Media/Kobal/Shutterstock 75 See-Saw/Kobal/Shutterstock 77 Paramount/Kobal/Shutterstock 78 UGC/Studio Canal+/Kobal/Shutterstock 79 Marvel Enterprises/20th Century Fox/Kobal/Shutterstock 81 Cino Del Duca/Pce/Lyre/Kobal/Shutterstock 82 Participant Media/Shutterstock 83 Bruce Birmelin/Ghoulardi/New Line/Revolution/Kobal/Shutterstock 84/85 MGM/Kobal/Shutterstock 87 Alex Kahle/RKO/Kobal/Shutterstock 88 20th Century Fox/Kobal/Shutterstock 89 Nouvelle Edition Francaise/Kobal/Shutterstock 91 Paramount/Kobal/Shutterstock 92 Universal/Kobal/Shutterstock 93 Snap/Shutterstock 95 Steve Dietl/Netflix/Kobal/Shutterstock 96 American Playhouse/WMG/Geechee/Kobal/Shutterstock 97 BBC Films/Kobal/Shutterstock 99 Kimberley French/Warner Bros/Plan B/Scott Free/Kobal/Shutterstock 100 Lucasfilm/ Walt Disney Studios/Moviestore/Shutterstock 101 Jonathan Olley/Snap Stills/Shutterstock 103 Redbud/Kobal/Shutterstock 104 Snap Stills/Shutterstock 105 Moviestore/Shutterstock 107 Moviestore/Shutterstock 108 Warner Bros/Seven Arts/Tatira-Hiller Productions/Kobal/Shutterstock 109 Warner Bros/Village Roadshow Pictures/Kobal/Shutterstock

111 With thanks and acknowledgment to Columbia Pictures (screengrab) 112 With thanks and acknowledgment to the Irish Film Board (screengrab) 113 With thanks and acknowledgement to Paramount Pictures/Blumhouse Productions/Solana Films (screengrab) 115 Warner Bros/Hawk Films/Kobal/Shutterstock 116 Cottonwood/Kobal/Shutterstock 117 Fox Searchlight/New Regency/Le Grisbi/Kobal/Shutterstock 119 Brian Hamill/Tri-Star/Kobal/Shutterstock 120 Christine Plenus/Canal+/La Wallonie/Casa Kafka/Kobal/Shutterstock 121 Artisan Pics/Kobal/Shutterstock 123 Snap Stills/Shutterstock 124 Moviestore/Shutterstock 125 Bazelevs Prods/Versus/Kobal/Shutterstock 127 With thanks and acknowledgment to Warner Bros/Wildwood Enterprises (screengrab) 128 With thanks and acknowledgment to Paramount Pictures (screengrab) 129 With thanks and acknowledgment to The Weinstein Company (screengrab) 131 Big Talk Productions/Kobal/Shutterstock 132 Merrick Morton/20th Century Fox/Regency/Kobal/Shutterstock 133 Elliott Marks/Red Mullet Prod/Kobal/Shutterstock 135 With thanks and acknowledgment to Warner Bros (screengrab) 136 With thanks and acknowledgment to Lucasfilm/Bad Robot/Walt Disney Studios (screengrab) 137 With thanks and acknowledgment to Hollywood/Wildwood/Baltimore (screengrab) 138/139 Photo by Steve Schapiro/Corbis via Getty Images 141 With thanks and acknowledgment to Focus Features (screengrab) 142 With thanks and acknowledgment to Lucasfilm/20th Century Fox (screengrab) 143 With thanks and acknowledgment to Universal/Gordon (screengrab) 145 With thanks and acknowledgment to Columbia (screengrab) 146 With thanks and acknowledgment to MGM/Stanley Kubrick Productions (screengrab) 147 With thanks and acknowledgment to MGM (screengrab) 149 Lucasfilm/Fox/Kobal/Shutterstock 150 Warner Bros/Kobal/Shutterstock 151 Warner Bros/Kobal/Shutterstock 153 With thanks and acknowledgment to UGC (screengrab) 154 With thanks and acknowledgment to Touchstone Pictures (screengrab) 155 With thanks and acknowledgment to Zentropa (screengrabs) 157 Paramount/Kobal/Shutterstock 158 Eon/Danjaq/Sony/Kobal/Shutterstock 159 Clay Enos/Warner Bros/Kobal/Shutterstock 160/161 Bettmann/Getty 163 Castle Rock/Nelson/Columbia/Kobal/Shutterstock 164 James Bridges/Sweetland/Kobal/Shutterstock 165 Moviestore/Shutterstock 167 Moviestore/Shutterstock 168 Warner Bros/Kobal/Shutterstock 169 Groundswell Prods/Kobal/Shutterstock 171 Paramount/Kobal/Shutterstock 172 Warner Bros/Kobal/Shutterstock 173 Moviestore/Shutterstock 175 Produzione De Sica/Kobal/Shutterstock 176 Warner Bros/Kobal/Shutterstock 177 Jan Chapman Prods/Miramax/Kobal/Shutterstock 179 Lucasfilm/Fox/Kobal/Shutterstock 180 Moviestore/Shutterstock 181 Moviestore/Shutterstock 183 Marvel Enterprises/Kobal/Shutterstock 184 Columbia/Kobal/Shutterstock 185 J Chin/National Geographic/Kobal/Shutterstock

謝辞

きっかけになった素晴らしいアイデアをくれたザラ・ラーコム(Zara Larcombe)、本書を導いてくれた有能なフェリシティ・モーンダー(Felicity Maunder)の2人に、心から感謝します。

そして、妻のスーザン・ストーブナー(Susan Stoebner)。彼女が支えてくれなければ、本書が世に出ることはなかったでしょう。この20年、自分の考えを形にすることができているのは、スーザンの映画に対する情熱と鋭い洞察のおかげです。映画制作者であり、友人でもあるジョン・バウムガルトナー(John Baumgartner)は、本書を入念に校正し、私の思い込みに異を唱え、たくさんの励ましをくれました。2人に心から感謝しています。

最後に、この本をデビーとボブに捧げます。もうずいぶん前のことですが、私を映画学校に通わせてくれた両親です。本書はある意味、若き日の自分のために書きました。映画の複雑な構造を解説した有益なガイドがあったら、喜んで手にしていたことでしょう。私を信じてくれた母と父に、感謝します。

映画はこう作られていく

2021年 6月25日　　初版第1刷発行

著　　　者	ティム・グリアソン
発　行　人	村上 徹
翻　　　訳	株式会社 Bスプラウト
編　　　集	平谷 早苗
発　　　行	株式会社 ボーンデジタル
	〒102-0074
	東京都千代田区九段南 1-5-5　九段サウスサイドスクエア
	Tel：03-5215-8671　　Fax：03-5215-8667
	www.borndigital.co.jp/book/
	E-mail：info@borndigital.co.jp
レイアウト	中江 亜紀（株式会社 Bスプラウト）
印刷・製本	株式会社 東京印書館

ISBN：978-4-86246-498-9
Printed in Japan